3교시

사람in
saram
in.com

머리말

　새롭게 개정된 NEW(신) 일본어능력시험의 개정 포인트를 이해하고 공부한다면, 수험생 여러분은 이미 합격고지의 절반은 오른 셈입니다. 개정된 주요한 포인트인 [**과제 수행을 위한 언어커뮤니케이션능력**]이란, 우리들이 생활 속에서 부딪히는 여러 과제에 대해 그 해결방법을 찾는 것이라고 해도 과언이 아닙니다. 과거의 암기 이해에 의존하는 그런 시험이 아님을 꼭 알아 두셔야 할 것입니다. 새로운 시험은 기존의 암기 이해는 물론이고, 어떤 일을 판단하고 수행하는데 필요한 일본어 실력을 측정하는 시험입니다.

　NEW(신) 일본어능력시험에서는 언어지식(문자·어휘·문법)을 바탕으로 독해와 청해 과제를 수행하는 능력을 측정하는 시험이므로, **언어지식을 공부한 후에 독해, 청해 순**으로 공부를 해가는 것이 효율적이라 하겠습니다. 물론 청해의 기본인 귀가 열려있는 단계가 아니라면, 청해 연습을 꾸준히 언어지식 공부와 병행해야 합니다.

　NEW(신) 일본어능력시험에서는 합격을 위한 기준 점수가 제시되지 않았지만, 과거와 달리 **영역별 과락제도**가 도입되므로 전체적인 균형을 유지하는 학습방법이 요구됩니다. 어느 한 영역으로 치우치는 학습방법은 바람직하지 않습니다.

　본서는 개정된 **NEW(신) 일본어능력시험에 맞추어 새롭게 집필**되었고, 새로운 유형을 최대한 이해하기 쉽게, 또한 많은 문제를 다루었습니다. **모의고사도 3회**로 다양한 문제를 수록했습니다. 본서에 수록된 많은 문제들을 풀어보고, 모르거나 자신이 틀린 문제들은 꼭 다시 공부해서 고득점으로 합격하시기를 기원합니다.

　공부하다가 모르는 것이나 궁금한 사항이 있으시면 언제든지 제가 운영하는 다음 카페(http://cafe.daum.net/jlpt)나 http://www.ejujlpt.com 으로 문의 주세요. ^^ 시험에 대한 다양한 정보도 여기서 찾아볼 수 있습니다.

　시험문제 출제와 자료 정리에 온 힘을 써준 이종권일본어학원 Japanese Test R&D Center 연구원들에게 감사를 표합니다. 또한 멋진 교재가 나올 수 있도록 모든 노력을 아끼지 않고 도와주신 사람in 박효상 사장님과 편집부 직원들에게도 많은 감사드립니다.

NEW(신) 일본어능력시험 N3 수험생들의 고득점 합격을 기원하면서

저자 이종권

목차

'일본어 능력시험'은 단순히 일본어 실력만을 묻는 시험이 아니라, 실제로 사용할 수 있는 일본어 실력을 갖추고 있는가를 중시하는 시험으로, 일본어의 문자·어휘·문법의 언어지식뿐만 아니라, 그 지식을 토대로 커뮤니케이션을 원활하게 할 수 있는가를 판가름하는 시험이다.

● 실질적인 일본어 사용에 중점을 둔 만큼 '독해'와 '청해'의 비중이 높다.
● 시험은 7월과 12월(연 2회)에 실시된다.

1. 급수별 차이 이해하기

일본어 능력시험은 1급에서 5급까지의 5단계로 이루어진다.

다음은 급수별로 일본어 능력시험에 합격했을 때 인정되는 사항으로, 학습자는 다음의 사항을 참고로 시험의 급수를 정해 시험에 응할 수 있다.

급수	급수 취득 시 인정되는 사항
N1	여러 방면에서 사용되는 일본어를 이해·사용할 수 있다.
N2	일상적인 일본어 사용이 가능하고, 좀 더 넓은 방면에서 사용되는 일본어를 어느 정도 사용할 수 있다.
N3	**일상적인 일본어를 어느 정도 사용할 수 있다.**
N4	기본적인 일본어를 사용할 수 있다.
N5	기본적인 일본어를 어느 정도 사용할 수 있다.

급수	시험 과목 (시험 시간)		
N1	언어지식(문자 · 어휘 · 문법) · 독해 110분		청해 60분
N2	언어지식(문자 · 어휘 · 문법) · 독해 105분		청해 50분
N3	언어지식(문자 · 어휘) 30분	언어지식(문법) · 독해 70분	청해 40분
N4	언어지식(문자 · 어휘) 30분	언어지식(문법) · 독해 60분	청해 35분
N5	언어지식(문자 · 어휘) 25분	언어지식(문법) · 독해 50분	청해 30분

3. 시험 점수의 배점 구분 및 합격선

급수	배점 구분		만점
N1	언어지식(문자 · 어휘 · 문법)	60	
	독해	60	180
	청해	60	
N2	언어지식(문자 · 어휘 · 문법)	60	
	독해	60	180
	청해	60	
N3	언어지식(문자 · 어휘 · 문법)	60	
	독해	60	180
	청해	60	
N4	언어지식(문자 · 어휘 · 문법) · 독해	120	180
	청해	60	
N5	언어지식(문자 · 어휘 · 문법) · 독해	120	180
	청해	60	

합격은 전체 점수의 총점만으로 결정되는 것이 아니라, 각 과목당 설정된 기준점 이상을 획득했는가에 의해 결정된다. 모든 과목에서 기준점 이상을 획득해야 합격을 할 수 있으므로, 한 과목이라도 기준점에 미달되었을 시에는 불합격 처리된다.

일본어 능력시험 N3 문제 유형 총정리

시험 과목 (시험시간)	문제유형		유형 설명	문항수	문제 풀이 소요 시간
언어 지식 (문자 · 어휘) (30분)	問題1	한자읽기	문장에서 밑줄 친 부분의 한자의 読み方를 찾는 문제	8	30분 내에 문제를 해결한다.
	問題2	한자표기	히라나가로 쓰여 있는 어휘의 한자를 찾는 문제	6	
	問題3	문맥규정	문장의 문맥에 맞게 괄호 안에 들어갈 가장 알맞은 어휘를 찾는 문제	11	
	問題4	유의어 표현	문장에서 밑줄 친 어휘와 가장 가까운 표현을 찾는 문제	5	
	問題5	용법	주어진 어휘가 가장 알맞게 사용된 문장을 찾는 문제	5	
언어 지식 (문법) · 독해 (70분)	問題1	문법형식 판단	괄호 안에 들어갈 가장 알맞는 문법적 기능어를 찾아 문장을 완성하는 문제	13	70분 중 20분 내에 문제를 해결한다.
	問題2	문장 조합	선택지로 주어진 1~4의 어휘를 나열하여 문장을 완성한 후, ★ 표시가 된 부분에 들어갈 표현을 찾는 문제	5	
	問題3	문장 속 문법	글을 읽고 빈 칸에 들어갈 표현을 찾는 문제	5	
	問題4	내용이해(단문)	단문을 읽고 푸는 문제	4	70분 중 50분 내에 문제를 해결한다.
	問題5	내용이해(중문)	중문을 읽고 푸는 문제	6	
	問題6	내용이해(장문)	장문을 읽고 푸는 문제	4	
	問題7	정보 검색	공고, 팸플릿, 정보지 등의 글을 읽고 정보를 찾는 문제	2	
청해 (40분)	問題1	과제 이해	구체적인 과제 해결에 필요한 정보를 듣고, 다음에 일어날 사항을 묻는 문제	6	청해는 문제 유형별로 주어지는 시간에 차이가 있으므로, 먼저 문제 유형을 확실하게 파악한 후, 문제 유형에 익숙해지는 것이 중요하다.
	問題2	포인트 이해	대화 혹은 한 사람의 이야기를 듣고, 내용의 포인트를 파악하는 문제	6	
	問題3	개요 이해	내용의 전체를 듣고 화자의 의도 및 주장 등을 파악하는 문제	3	
	問題4	발화 표현	그림을 보며 상황설명을 듣고, 적절한 발화를 선택하는 문제	4	
	問題5	즉시 응답	짧은 글 또는 대화문을 듣고 적절한 응답을 찾는 문제	9	

청해 만점을 위한 워밍업

본서는 페이지 번호와 MP3 파일 번호가 일치합니다.
음원을 들어야 할 페이지와 같은 MP3 번호를 실행시키면, 원하는 음원을 들을 수 있습니다.

❋ 🎧 : MP3 파일 번호

❋ 📖 : 스크립트 페이지

(1) 발음

　일본어의 발음은 단어를 하나씩 발음할 때와 문장 안에서 발음할 때, 그 발음이 조금씩 달라진다. 그래서 단어를 하나만 들었을 때는 알아들어도, 문장으로 들을 때는 못 알아듣는 경우가 종종 발생한다. 청해 문제에 잘 대응하려면, 문장을 들으면서 바로 바로 이해를 해야 하는데, 발음 자체를 못 알아들으면 머리 속에서 이미 번역 속도가 늦어져 문제를 놓치기 쉽다.

　우선은 기본적인 발음이 들려야 다양한 문장들을 어려움 없이 듣고 이해할 수 있기 때문에, 여기서는 간단한 기본단어를 듣는 연습을 해보도록 하겠다.

어느 쪽 발음인지 듣고 ☑ 체크해 보자.

가. 비슷한 발음

1.	□ あてる	□ まてる	11.	□ きたい	□ みたい
2.	□ ちず	□ みず	12.	□ いち	□ きち
3.	□ つうはん	□ ゆうはん	13.	□ ねっしん	□ けっしん
4.	□ あかい	□ わかい	14.	□ とうじつ	□ こうじつ
5.	□ しふく	□ いふく	15.	□ こっら	□ こっか
6.	□ れいぶん	□ えいぶん	16.	□ さいのう	□ さいこう
7.	□ だいぶ	□ がいぶ	17.	□ ます	□ まう
8.	□ さくじつ	□ かくじつ	18.	□ さんか	□ さんま
9.	□ なわ	□ かわ	19.	□ にはい	□ しはい
10.	□ さんねん	□ かんねん	20.	□ しゅうき	□ しゅうい

	나. 탁음과 반탁음		다. 촉음과 장음	
1.	□ ざいりょう	□ さいりょう	□ そっと	□ そと
2.	□ ざる	□ さる	□ のりょく	□ のうりょく
3.	□ しかく	□ じかく	□ ノック	□ ノク
4.	□ スープ	□ スーフ	□ プロ	□ プーロ
5.	□ ストッブ	□ ストップ	□ もと	□ もっと
6.	□ せんめん	□ ぜんめん	□ エスカレーター	□ エスカレター
7.	□ そうどう	□ そうとう	□ ラケット	□ ラッケト
8.	□ たしょう	□ たじょう	□ バター	□ バタ
9.	□ のんぴり	□ のんびり	□ やはり	□ やっぱり
10.	□ びっくり	□ ひっくり	□ カ	□ カー
11.	□ びよう	□ ひよう	□ きっぷ	□ きふ
12.	□ むじ	□ むし	□ じかん	□ じっかん
13.	□ ガム	□ かむ	□ つうち	□ つち
14.	□ かんぴょう	□ かんびょう	□ スキー	□ スキ
15.	□ きねん	□ ぎねん	□ ねさん	□ ねえさん
16.	□ きょたい	□ きょだい	□ ビール	□ ビル
17.	□ こうし	□ こうじ	□ がか	□ がっか
18.	□ てぐち	□ でぐち	□ レジ	□ レッジ
19.	□ こうはん	□ こうばん	□ ミース	□ ミス
20.	□ おさげ	□ おさけ	□ ほうほう	□ ほうほ

1. □ ほうし　　　□ ほうしん
2. □ ててん　　　□ てんてん
3. □ せんせんしゅう
　　□ せせんしゅう
4. □ めいじん　　□ めいじ
5. □ てすう　　　□ てんすう
6. □ じい　　　　□ じいん
7. □ びょうい　　□ びょういん
8. □ はんせい　　□ はせい
9. □ ガソリスタンド
　　□ ガソリンスタンド

10. □ かんちょう　　□ かちょう
11. □ ふじん　　　□ ふじ
12. □ いんしょう　　□ いしょう
13. □ へいき　　　□ へいきん
14. □ しわ　　　　□ しんわ
15. □ みかん　　　□ みんかん
16. □ あき　　　　□ あんき
17. □ たい　　　　□ たんい
18. □ てんらんかい　□ てんらかい
19. □ ぶぶ　　　　□ ぶぶん
20. □ サンドイッチ　□ サドイッチ

우리말의 사물을 세는 단위가 다양하듯이 일본어의 사물을 세는 단위도 다양하다.

N3 수준의 조수사를 반복하여 들으며 시험에 대비하도록 하자.

01 匹 動物・昆虫・魚など（基本的に人間が両腕で抱きかかえられる大きさのもの）

★例外：（大きさから言うと「匹」だが、「頭」と数えるもの）

実験用マウス、特殊な訓練を受けた犬、希少動物、人間に脅威を与える爬虫類

一匹	いっぴき	二匹	にひき
三匹	さんびき	四匹	よんひき
五匹	ごひき	六匹	ろっぴき
七匹	ななひき／しちひき	八匹	はっぴき／はちひき
九匹	きゅうひき	十匹	じゅっぴき／じっぴき
何匹	なんひき／なんびき		

02 羽 鳥・ウサギ

一羽	いちわ	二羽	にわ
三羽	さんわ／さんば	四羽	よんわ
五羽	ごわ	六羽	ろくわ／ろっぱ
七羽	ななわ／しちわ	八羽	はちわ／はっぱ
九羽	きゅうわ	十羽	じゅうわ／じゅっぱ
何羽	なんわ／なんば		

03 個 さまざまな物（適応範囲の広い語）

一個	いっこ	二個	にこ
三個	さんこ	四個	よんこ
五個	ごこ	六個	ろっこ
七個	ななこ	八個	はっこ／はちこ
九個	きゅうこ	十個	じゅっこ／じっこ
何個	なんこ		

04 本 長い物、細長い棒状のもの、柔道や剣道の技、映画の作品、大魚など

一本	いっぽん	二本	にほん
三本	さんぼん	四本	よんほん
五本	ごほん	六本	ろっぽん
七本	ななほん	八本	はっぽん／はちほん
九本	きゅうほん	十本	じゅっぽん／じっぽん
何本	なんぼん		

05 枚 紙・板・皿などの薄く平たいもの

一枚	いちまい	二枚	にまい
三枚	さんまい	四枚	よんまい
五枚	ごまい	六枚	ろくまい
七枚	ななまい	八枚	はちまい
九枚	きゅうまい	十枚	じゅうまい
何枚	なんまい		

🎧 14

(3) 뉘앙스 파악

　N3에서는 일본어의 뉘앙스 파악도 중요하다.

　같은 문장이라도 어떤 느낌으로 말하는지 잘 파악해야 하고, 생략된 내용이 있다면 그 내용이 무엇일지 알아차려야 일본어 시험에서 고득점을 받을 수 있다.

다음 예문을 듣고, 남성 혹은 여성의 말에 어떤 뉘앙스가 숨어 있는지 찾아보자.

> (예)　女性の本当の考えはどっち？
>
> 　　　(A) いいと思う。
>
> 　　　(B) よくないと思う。

정답은 (A)다. 그럼, 본격적으로 문제를 풀어보도록 하자.

1. 男性はどう思っている？

　(A) 高いと思っている。

　(B) 高くないと思っている。

2. 女性の考えはどっち？

　(A) 自分の料理をまずいと思っている。

　(B) 自分の料理をまずいと思っていない。

3. 男性はどう思っている？

　(A) おもしろそうだと思っている。

　(B) おもしろくなさそうだと思っている。

4. 女性はこの後どうする？

　(A) すぐ火を止めに行く。

　(B) しばらく後で火を止めに行く。

5. 男性の気持ちはどっち？

　(A) 嬉しい。

　(B) 嬉しくない。

6. 女性は電話番号を知っている？

　(A) 知っている。

　(B) 知らない。

7. 男性はどう思っている？

　(A) 真面目だと思っている。

　(B) 真面目だと思っていない。

8. 男性は問題の答えを分かっている？

　(A) 分かっている。

　(B) 分かっていない。

9. 男性はどう思っている？
　（A）退院できたことを喜んでいる。
　（B）退院できたことを喜んでいない。

10. 男性の本当の気持ちはどっち？
　（A）痛い。
　（B）痛くない。

11. 男性はこの後どうする？
　（A）女性を手伝う。
　（B）女性を手伝わない。

12. 女性の気持ちはどっち？
　（A）驚いている。
　（B）驚いていない。

13. 女性はステーキを食べたい？
　（A）食べたい。
　（B）食べたくない。

14. 男性の本当の気持ちはどっち？
　（A）ビールを飲みたい。
　（B）ビールを飲みたくない。

15. 男性は女性の帽子がいいと思って
　　いる？
　（A）思っている。
　（B）思っていない。

16. 女性の考えはどっち？
　（A）行きたい。
　（B）行きたくない。

17. 女性は男性の意見についてどう
　　思っている？
　（A）その通りだと思っている。
　（B）そうではないと思っている。

18. 女性はどう思っている？
　（A）暑い。
　（B）暑くない。

19. 男性は女性の意見に賛成か？
　（A）賛成だ。
　（B）反対だ。

20. 男性は本当はどう思っている？
　（A）できないと思っている。
　（B）できると思っている。

(4) 문제를 잘 듣는다.

청해 시험에서 아무리 긴장하고 집중해서 듣는다고 해도 모든 내용을 처음부터 끝까지 100% 다 듣고 이해하기에는 무리가 있다. 그럼, 어떻게 해야 청해 시험에 효율적으로 대처할 수 있을까?

청해에서 내용을 잘 듣고 이해하는 것도 중요하지만, 그전에 문제를 잘 듣고 파악하는 것이 더 중요하다고 할 수 있겠다. 문제를 잘 듣고 파악해야 그 다음에 듣는 내용에서 무엇을 중심으로 들을지를 판단할 수 있게 되고, 정답과 오답을 빨리 판가름할 수 있게 되기 때문이다.

그럼, 문제를 잘 듣고 정답을 찾아보자.

1. 1. 母親が服の準備をしてくれなかったから
2. 母親がお弁当を用意してくれなかったから
3. 母親がいつもテレビばかり見ているから
4. 母親が自分の話をちゃんと聞いてくれなかったから

2. 1. 辛いものを食べたから
2. タバコをたくさん吸ったから
3. 風邪をひいたから
4. 大きな声を出したから

3. 1. 4時30分
2. 4時40分
3. 5時30分
4. 5時40分

4. 1. みんなの笑う顔
2. ドラキュラが町に来る
3. 月の中で
4. 子供たちの歌

5. 1. 大事な客が来るから
2. 昔に買ったものだから
3. 汚れてしまったから
4. 割れてしまったから

일본어능력시험 청해에서 문제를 풀기 위해 들어야 하는 정보는 보통 1~2개이다. 여기서는 필요한 정보만을 골라 듣는 연습을 해보도록 하자. 물론 앞에서 연습한 '문제를 잘 듣는다'는 것이 전제된다.

1. 1. 17日
2. 18日
3. 19日
4. 20日

2. 1. 傘
2. タオル
3. 弁当
4. 飲み物

3. 1. 男性が自分に会うために長い時間をかけて準備してくれたから
2. 男性に準備がよいとほめられたから
3. 男性が自分の誕生日を覚えていたから
4. 男性が自分がほしかった指輪を買ってくれたから

4. 1. おいしいものを食べに行く
2. 髪を切りに行く
3. 銀行にお金をおろしに行く
4. 女性に借りていたお金を返す

5. 1. 記者
2. 歌手
3. モデル
4. アナウンサー

　일본어능력시험에서는 다양한 표현을 구사할 수 있는 능력 역시 요구하기 때문에, 대화의 내용을 다른 표현으로 바꾸어 물었을 때, 바로 이해하고 정답을 고를 수 있는 실력을 갖추어야 한다.

　이 부분은 청해 실력과 함께 어휘력도 풍부해야 쉽게 대처할 수 있다.

1.　1. 臭いから

　　2. おいしくないから

　　3. 体に合わないから

　　4. 柔らかすぎるから

2.　1. 練習中に怪我をしたから

　　2. 好きで柔道をしていたわけではないから

　　3. 家で休む時間がほしいから

　　4. 勉強だけに時間を使いたいから

3.　1. 牛

　　2. 馬

　　3. 犬

　　4. 象

4.　1. 予習する

　　2. 復習する

　　3. テストの前にだけ勉強する

　　4. テストに何が出るかを考える

5.　1. 自分で作った料理を親にごちそうする

　　2. レストランに親を連れて行く

　　3. 親に高いプレゼントを買う

　　4. 料理学校に入学するために使う

(7) 마지막에 나오는 포인트를 놓치지 않는다.

　시험에서는 대화의 마지막 부분이 결론이 되는 경우가 많다. 물론 듣고 있는 중에는 어느 부분이 마지막인지 알 수는 없으나, 1분~2분 정도의 기준으로 문제가 구성되어 있으므로 어느 정도 시간이 지나면, 이제 결론이 나올 때가 되었구나 하고 집중해서 들으면 고득점을 받을 수 있다.

　이제부터는 문제와 예시문까지 모두 듣고 푸는 연습을 하도록 하자.

1.

2.

3.

4.

5.

　무언가를 결정해야 하는 내용의 대화를 듣다 보면, 최종적으로 결정되기까지 여러 제안들이 제시되는데, 이때는 어떤 제안이 마지막에 정답이 될지 알 수 없기 때문에 언급되는 모든 제안의 구체적인 내용을 정리해 놓아야 한다. 예를 들면, 4개의 제안이 나오고 그중 하나를 정답으로 만드는 과정에서, 다른 3개가 오답이 되는 이유까지 정리해야 정답을 찾을 수 있다는 것이다. 만약, 기억력만을 의지해서 문제를 풀다 보면 마지막에 어떤 것이 정답인지 애매해질 수 있다. 이럴 경우를 대비해서 오답이라는 확신이 들더라도 정리해 두는 습관을 들이는 것이 고득점을 받기 위한 습관이 될 수 있겠다.

　또, '(6) 들은 정보를 다른 말로 바꾼다'에서 공부한 것처럼 정답을 다른 표현으로 바꾸어 제시되기도 하는데, 대부분 오답은 본문에서 나온 표현 그대로 나온다는 것도 참고해서 알아두자.

1.

2.

3.

4.

5.

(9) 질문의 요점을 파악한다.

　무엇에 대해서 이야기하고 있는지를 파악하는 문제들도 출제되고 있다. 즉, 전체의 요점이 무엇인지를 묻는 문제이다. 대화의 흐름이나 자주 나오는 키워드를 주의해서 들으면 요점을 파악할 수 있고, 말하는 사람이 주로 무엇을 강조하는지를 잘 듣는 것이 도움이 된다.

1.

2.

3.

4.

5.

앞에서 연습한 내용들을 중심으로 이제부터는 본격적으로 메모하는 연습을 해보도록 하자.

메모는 기억력의 보조수단으로 상용되는 것으로, 모든 내용을 스크립트처럼 전체를 받아적는 것은 아니다. 문제 풀이를 하는 동안에 1~2분 정도만 기억하고 이해할 수 있을 만큼만 적으면 된다. 그러므로 꼭 일본어로 메모할 필요는 없다. 우리말로 해도 되고 영어로 해도 된다. 물론 여러 언어를 섞어서 해도 된다. 결론은 본인만 알아보면 되는 것이다.

실제 시험장에서 수동적인 자세로 시험에 응하는 수험생들을 종종 볼 수 있는데, 그러한 자세로 시험에 응하다 보면, 정신 집중이 안 되는 것은 기본이고 심지어는 문제를 풀다가 다른 생각까지 하게 될 수도 있다. 이런 상황을 방지하기 위해서라도 필요한 것이 메모다. 메모를 하면 집중력도 높아지고 다른 생각을 하지 않게 되므로 단순한 실수까지 줄일 수 있다.

어떤 내용을 메모해야 하는지는 예제문제를 풀면서 체득하기 바란다.

1.

1. 二人ともパソコン教室に授業を受けに行くのは何曜日ですか？

2. 男子学生は一週間のうち何日間アルバイトをしていますか？

3. 女子学生にパソコン教室のことを教えたのは誰ですか？

4. 女子学生が一週間のうちパソコン教室に行かない日は何日間ありますか？

5. 男子学生は何人の人にパソコン教室の話をするつもりですか？

2.

1. お母さんはただし君のお母さんから何をもらいましたか？

----

2. カレーが嫌いなのは誰ですか？

----

3. 今日は何人で晩ご飯を食べますか？

----

4. まさしがスーパーで買う野菜は何ですか？

----

5. お母さんは野菜を全部で何個買ってきてと言いましたか？

1.

1. 大谷君が失恋したのは何曜日ですか？

-----

2. ２人は土曜日にみんなで何時に会うことに決めましたか？

-----

3. ２人は土曜日にみんなでどこで会うことに決めましたか？

-----

4. 土曜日の天気は何ですか？

-----

5. 動物園は何人までお金を払わずに入れますか？

2.

1. 西田君は 6 月に入って何回遅刻しましたか？

----

2. 学校までのバスは何分おきに出ていますか？

----

3. 西田君の家から学校まで何分かかりますか？

----

4. 西田君は今日何時に家を出ましたか？

----

5. 今日は何月何日ですか？

1.

1. 黒いズボンの価格はいくらですか？

----

2. 青いズボンは白いズボンよりいくら高いですか？

----

3. 客の男性が買いたいと思ったズボンはどれですか？

----

4. 客の男性は何千円以下のズボンを買いたいと言いましたか？

----

5. 客の男性のズボンのサイズは何ですか？

----

6. 客の男性は結局どうしましたか？

2.

1. 女性の家にはお金がいくらありましたか？

-----

2. 女性の家に残っていたお金はいくらですか？

-----

3. お金を入れていた箱を開けるための番号は何番ですか？

-----

4. お金を入れていた箱は家のどこにありましたか？

-----

5. 女性の誕生日はいつですか？

1.

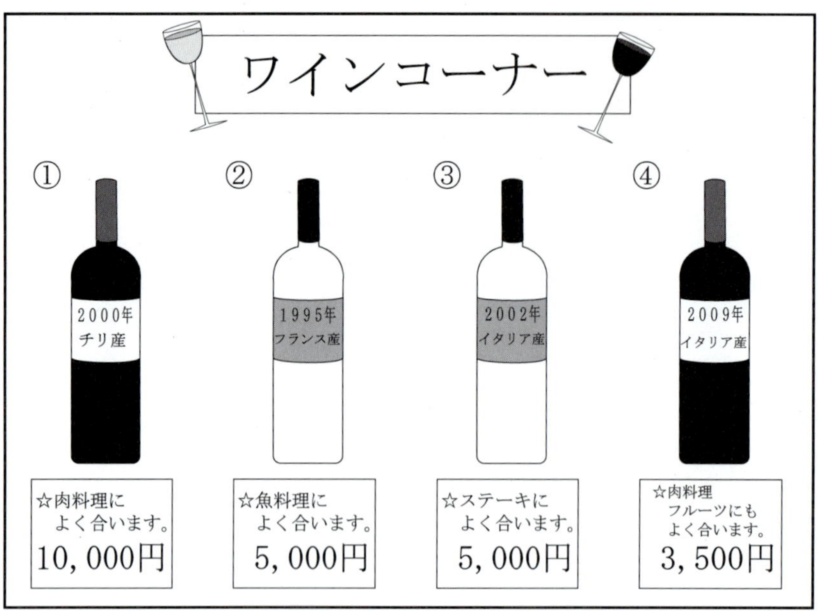

1. 夫が買いたいと言っているワインはどれですか？

2. 妻が買いたいと言っているワインはどれですか？

3. ステーキに合う白いワインの値段はいくらですか？

4. 今日は何の日ですか？

5. 二人はワインを何本買うことにしましたか？

2.

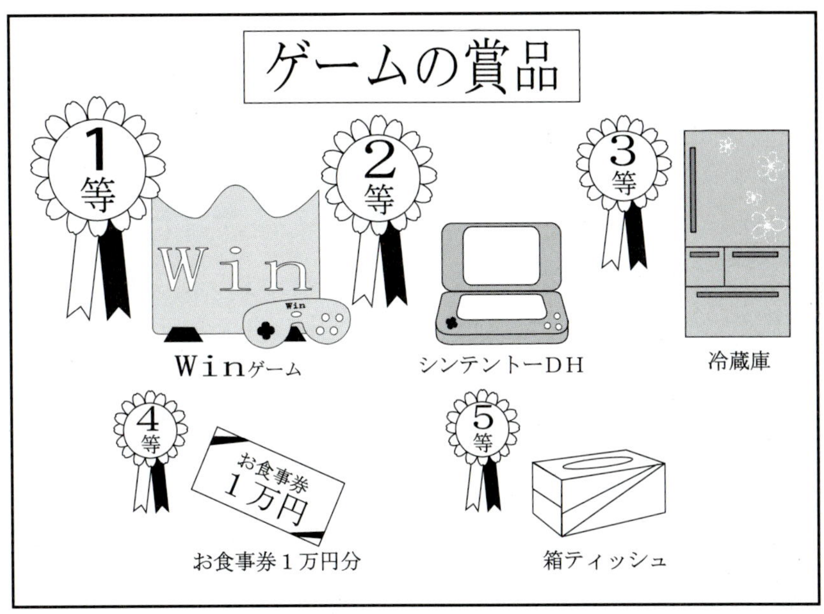

1. 女性はどの賞品がほしいと言っていますか？

----

2. 店でいくら以上買うとゲームができますか？

----

3. 英語を何個当てると2等の賞品がもらえますか？

----

4. 二人は英語を何個当てましたか？

----

5. 二人はどの賞品をもらいましたか？

(1) 축약형

01 てる → ている

そんなこと、君に言われなくても分かってるよ。

02 でる → でいる

何時まで遊んでるつもり？ もう帰って来なさい。

03 てた → ていた

忘れてた、明日英語のテストだったんだ。

04 でた → でいた

おかしいな、さっきまでそこで遊んでたんだけど。

05 じゃ → では

図書館で騒いじゃダメですよ。

06 ちゃ → ては

いけない、ポチを散歩に連れて行かなくちゃいけない。

07 ちゃう → てしまう

やめてよ、そんな話聞いたら笑いたくなくても笑っちゃうじゃない。

08 じゃう → でしまう

飲まないんだったら、ジュース私が全部飲んじゃうよ。

09 とく → ておく

遅れるんだったら、先に行っとくからね。

10 どく → でおく

血が止まるまでガーゼを噛んどくようにと言われた。

11 たげる → てあげる

私が食べさせたげるよ。

12 なきゃ → なければ

リモコンがなきゃクーラーがつけられないよ。

13 なけりゃ → なければ

鉛筆がなけりゃボールペンでもいいんだけど。

14 なくちゃ → なくては

肉がなくちゃ焼肉パーティーはできないよ。

15 んない → らない、りない、れない、ない

君も分かんない事言うなよ。

16 ん → の

このノート山田んじゃない？

17 たって → ても

彼女に怒っ<ruby>たって</ruby>仕方がないじゃ
ない。

18 だって → でも

その問題、先生だって分からなか
ったんでしょ。

19 かも → かもしれない

走って行けば、まだ間に合うかも。

20 たら → たらどう

今日はもう遅いから、明日にした
ら？

21 だら → だらどう

ダイエットといっても、水ぐらい
は飲んだら？

22 って → と、という、というのは、
　　　　と聞いたそうだ

昨日風邪で休んだって？ 大丈夫？

23 けど → けれども

祖父は82歳だけど、町のマラソン
大会で1位になったよ。

24 っけ → ましたか？、でしたか？

えっ？ 昨日そんな事言ってました
っけ？

종조사란 문장 끝에 붙어서 말하는 사람의
감정 상태를 나타낸다. 일부 종조사는 남
성어와 여성어로 구별되어 있다.

01 ね 주로 상대방의 동의를 구하려고 할 때, 주로 상
대방의 의견에 동의할 때

田中も来られたら良かったのにね。

02 わね 여성어로서 상대방의 동의를 구하려고 할 때

そういえば、あの子最近、元気がな
かったわね。

03 よ 주로 자기의 주장을 상대방에게 알리려고 할 때

ちょっと、私の日記読まないでよ。

04 わよ 여성어로서 상대방의 동의를 구하려고 할 때

木村先生なら授業でいないわよ。

05 よね 상대방의 동의를 구하는 동시에 자기의 주장
을 상대방에게 알리고자 할 때

鈴木君って足速いよね。

06 な 감정을 넣어서 표현하고자 할 때

私はコメディー映画よりホラー映
画が見たいな。

07 だな 주로 남자들이 감정을 넣어서 표현하고자 할 때

石川さんって思ったよりも食べる
んだな。

08 かな 확실하지 않은 상황에서 본인의 의문을 표현할 때

あんなに簡単な問題が何で分からないのかな。

09 かしら 여성어로서 확실하지 않은 상황에서 본인의 의문을 표현할 때

山下さんの家は、この道をどう行けばいいんだったかしら。

10 ぞ 주로 남성어로서 자신의 의지를 강하게 표현하고자 할 때

夏休みは父さんがプールに連れて行ってやるぞ。

(3) 기타

01 まじ？ / 本当？

まじでそんな事言ってんの？

02 だい？ / ですか？

何を聞いてるんだい？ 僕にも聞かせて。

03 かい？ / ますか？

この話で笑えるかい？

04 の？ / のですか？（んですか？）

元気ないね、お腹でも空いたの？

청해 만점을 위한 실전 연습

　청해에서 고득점을 받기 위해서는 이해하는 속도를 높여야 한다. 이해하는 속도를 높인다는 것은 듣는 속도만큼 이해하는 속도도 빨라야 한다는 것이다.

　일본어를 듣고, 머릿속에서 해석하고 이해하는데 소요되는 시간이 아무리 빨라도 듣는 속도보다는 빠를 수가 없다. 같은 내용을 반복해서 듣고 모르는 어휘가 나오면 사전을 찾아 두는 방법 등으로, 뇌에서 번역하는 기능을 빼내야만 이해하는 속도를 높일 수 있다. 이것은 반복 훈련을 통해서 자연스럽게 몸에 익혀지는 것이다.

　그럼, 이제부터는 일본어 능력시험의 유형을 익힌 후, 모의고사를 풀면서 보다 본격적으로 청해 파트에 대비하도록 하자.

3교시 청해

시험 과목 (시험시간)	문제유형		유형 설명	문항수
청해 (40분)	問題1	과제 이해	구체적인 과제 해결에 필요한 정보를 듣고, 다음에 일어날 사항을 묻는 문제	6
	問題2	포인트 이해	대화 혹은 한 사람의 이야기를 듣고, 내용의 포인트를 파악하는 문제	6
	問題3	개요 이해	내용의 전체를 듣고, 화자의 의도 및 주장 등을 파악하는 문제	3
	問題4	발화 표현	그림을 보며 상황설명을 듣고, 적절한 발화를 선택하는 문제	4
	問題5	즉시 응답	짧은 글 또는 대화문을 듣고, 적절한 응답을 찾는 문제	9

문제 유형별 집중 연습

문제1 유형은 구체적인 과제해결에 필요한 대화문(또는 정보)를 듣고, 다음에 해야 할 사항을 찾는 문제로, 총 6문제가 출제된다. 선택지로는 글 외에 그림이나 도표가 제시될 수도 있다. 시험지에 질문사항은 제시되지 않고, 대화가 시작되기 전과 후에 한 번씩 총 2번 들려주므로, 처음에 듣지 못했다 하더라도 당황하지 말고 문제에 임하도록 하자.

그럼, 지금부터 문제1 유형에 대비한 문제를 집중적으로 풀어보자.

問題 1

問題 1 では、まず質問を聞いてください。それから話を聞いて、問題用紙の 1 から 4 の中から、正しい答えを一つ選んでください。

1 番

1 飛行機・ホテル・食事・ガイド付きのプラン

2 飛行機・ホテル・食事のプラン

3 飛行機・ホテル・ガイド付きのプラン

4 飛行機・ホテルのプラン

2 番（ばん）

1 月曜日（げつようび）

2 火曜日の午前（かようび　ごぜん）

3 火曜日の午後（かようび　ごご）

4 水曜日（すいようび）

3 番（ばん）

1 特急に乗る（とっきゅう　の）

2 急行に乗る（きゅうこう　の）

3 各駅に止まる電車に乗る（かくえき　と　でんしゃ　の）

4 電車に乗らず歩いて行く（でんしゃ　の　ある　い）

1 ＤＶＤを観る

2 本を読む

3 記事をまとめる

4 ＤＶＤをビデオ屋に借りに行く

6 <ruby>番<rt>ばん</rt></ruby>

1 お<ruby>風呂<rt>ふ ろ</rt></ruby>に<ruby>入<rt>はい</rt></ruby>る

2 テレビドラマを<ruby>見<rt>み</rt></ruby>る

3 お<ruby>皿<rt>さら</rt></ruby>を<ruby>返<rt>かえ</rt></ruby>してくる

4 おばあちゃんに<ruby>電話<rt>でん わ</rt></ruby>をする

7 <ruby>番<rt>ばん</rt></ruby>

1 <ruby>浅草駅<rt>あさくさえき</rt></ruby>

2 <ruby>上野駅<rt>うえ の えき</rt></ruby>

3 <ruby>東京駅<rt>とうきょうえき</rt></ruby>

4 <ruby>新橋駅<rt>しんばしえき</rt></ruby>

8 番

1 お知らせのプリントを渡しに行く

2 お知らせのプリントと宿題を渡しに行く

3 今日の宿題のプリントを渡しに行く

4 これからも仲良くしようと言いに行く

9 番

1 ピアノの練習をしなければならない

2 ケーキを買いに行かなければならない

3 おばあちゃんの家に行かなければならない

4 宿題をしなければならない

10 <ruby>番<rt>ばん</rt></ruby>

1 ビール

2 おつまみ

3 <ruby>焼酎<rt>しょうちゅう</rt></ruby>とワイン

4 お<ruby>寿司<rt>すし</rt></ruby>

11 <ruby>番<rt>ばん</rt></ruby>

1 テキスト

2 エプロン

3 ボールペン

4 ノート

12 番

1 食べ物を用意する
2 虫よけスプレーを用意する
3 ビールを用意する
4 シートを用意する

13 番

1 1枚
2 2枚
3 3枚
4 4枚

　　문제2 유형은 대화 혹은 한 사람이 길게 말하는 내용을 듣고, 내용의 포인트를 파악하는 문제로, 6문제 출제된다. 문제1 유형과 마찬가지로 질문사항이 시험지에 제시되지 않는다. 먼저 질문사항을 듣고, 시험지에 제시된 선택지를 읽는다.(선택지를 읽는 시간이 주어진다.) 그 다음 내용을 듣고 문제에 답을 하면 된다. 문제2 유형에서도 질문사항은 대화문의 전후에 한 번씩 총 2번 들려준다.

問題 2

問題２では、まず質問を聞いてください。そのあと、問題用紙を見てください。読む時間があります。それから話を聞いて、問題用紙の１から４の中から正しい答えを一つ選んでください。

1 番

1 親があまり自分に注意を払ってくれなかったから

2 妹や弟の世話をしなくてはいけなかったから

3 喧嘩するといつも自分が叱られたから

4 上の兄弟が勉強を教えてくれなかったから

2番

1 塩入りのチョコレートの人気
2 砂糖の代わりに塩をスイカにかけること
3 男の人がコーヒーに塩を入れたこと
4 男の人が天ぷらに塩をかけたことがないこと

3番

1 日本に食品サンプルを作る会社があること
2 客が食品サンプルを見て注文する料理を決めること
3 全てが同じ型で作られているわけではなく手作りされていること
4 本物か分からないほど細かく真似てあること

4 番

1 教育実習が終わると生徒に会えなくなること
2 生徒が自分を先生だとは思ってくれなかったこと
3 教育実習をやり先生になる自信をなくしたこと
4 教育実習の時間が不十分だったこと

5 番

1 箸と茶碗
2 東西南北
3 車の運転席と助手席
4 時計

6 番

1 風邪をひいたから
2 注射を受けに行っていたから
3 会社中の人が風邪なので移りたくないから
4 違う場所で会議をしていたから

7 番

1 広い席を予約できなかったから
2 可愛い子が店をやめてしまったから
3 別れた彼女と店で会うのがつらいから
4 彼女を紹介するのが嫌だから

8 番

1 服を買って家で考えるようにする

2 まったく何も買わないようにする

3 必要かどうかをもう一度考えるようにする

4 好きなものを何でも買うようにする

9 番

1 疲れがたまっているから

2 泳げないから

3 仕事が忙しいから

4 お腹を見せたくないから

10 番

1 歯を削ると痛いから
2 初めて歯医者に行くから
3 先生が怖いから
4 注射が痛いから

11 番

1 お父さんのビールを冷やしたいから
2 自分が買ったケーキを入れたいから
3 アイスクリームを入れたいから
4 電気代が安くなるから

12 番

1 女性が遅刻をしたことがあるから

2 信号ができて曲がりやすくなったから

3 道が工事しているから

4 並木道りを通る方が早く着くから

13 番

1 足を痛めてしまったから

2 ジャンプの前に違うテストをしたから

3 井上君がジャンプの練習をしたから

4 ジャンプの練習が足りなかったから

문제4 유형은 시험지에 제시된 그림을 보며 상황설명을 듣고, 그림에서 화살표가 가르키는 사람이 그 상황에서 해야 할 가장 바람직한 말을 찾는 문제로, 총 4문제 출제된다. 그림만으로도 어떤 상황인지는 대략 짐작이 갈 수 있으나, 정확한 상황을 파악하기 위해서는 상황설명을 잘 들어야 한다. 상황설명 및 선택지는 모두 한 번 들려주므로, 모두 잘 듣고 문제에 임하도록 하자.

<ruby>問題<rt>もんだい</rt></ruby> 4

<ruby>問題<rt>もんだい</rt></ruby>4では、<ruby>絵<rt>え</rt></ruby>を<ruby>見<rt>み</rt></ruby>ながら<ruby>質問<rt>しつもん</rt></ruby>を<ruby>聞<rt>き</rt></ruby>いてください。それから、<ruby>正<rt>ただ</rt></ruby>しい<ruby>答<rt>こた</rt></ruby>えを1から3の<ruby>中<rt>なか</rt></ruby>から<ruby>一<rt>えら</rt></ruby>つ<ruby>選<rt>えら</rt></ruby>んでください。

1<ruby>番<rt>ばん</rt></ruby>

2 番

3 番

ばん
4 番

AM5：00〜AM12：00

ばん
5 番

6 <ruby>番<rt>ばん</rt></ruby>

7 <ruby>番<rt>ばん</rt></ruby>

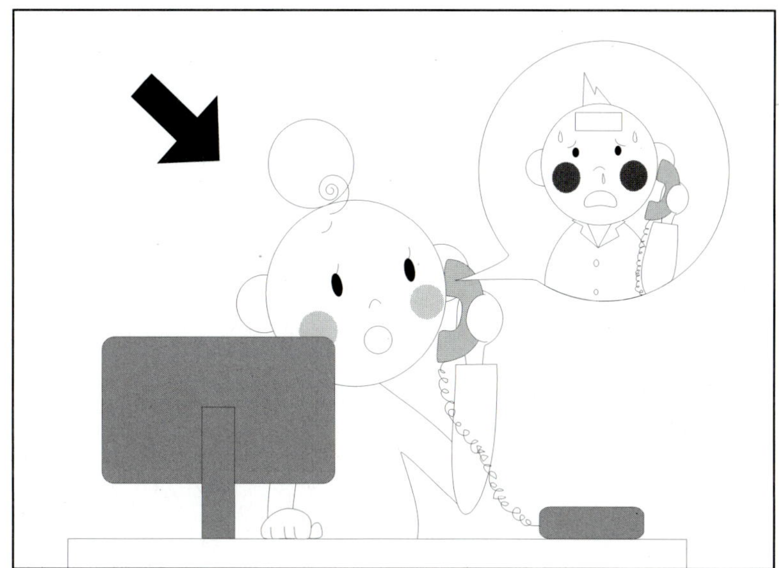

スーパー菅野

10 <ruby>番<rt>ばん</rt></ruby>

11 <ruby>番<rt>ばん</rt></ruby>

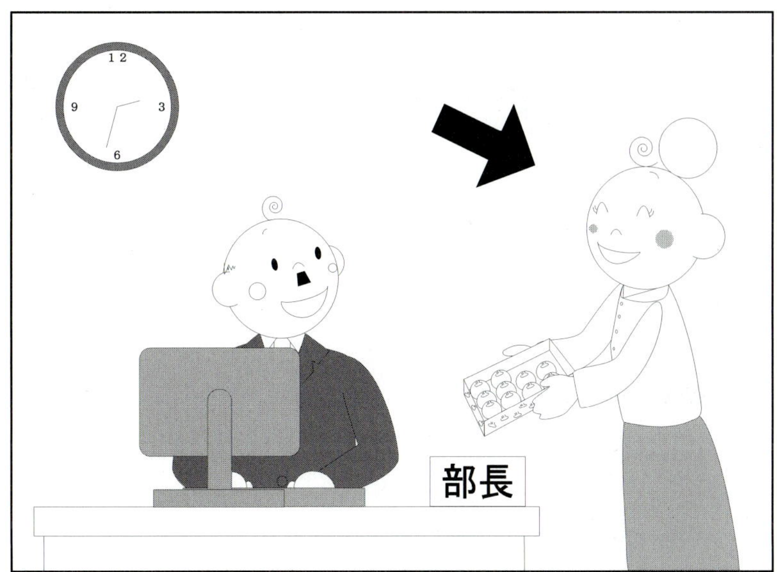

menu

MIGITAハイツ

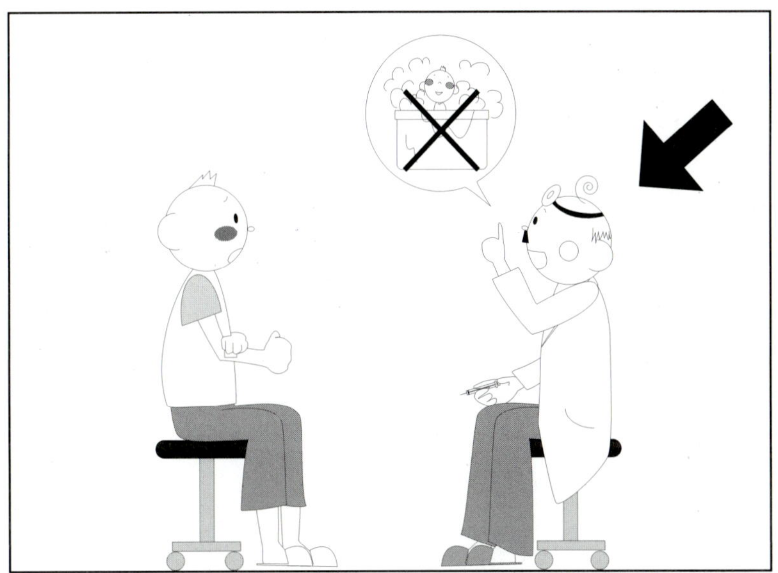

문제5 유형은 짧은 대화문을 듣고 정답을 찾아내는 문제로 총 9문제 출제된다. 별도의 질문사항이 주어지는 문제가 아니라, 한 사람의 말에 주어지는 3개의 대답에서 가장 자연스러운 대답을 찾는 문제다. 짧은 내용을 듣고 연속으로 9문제를 풀어야 하는 문제인 만큼, 한 문제에 너무 많은 시간을 할애하면 다음 문제들을 푸는데 지장을 줄 수 있기 때문에 직감적으로 문제를 풀고 다음 문제로 넘어가야 하겠다.

문제5 유형 역시 시험지에는 아무것도 인쇄되어 있지 않으므로 메모에 힘을 쏟아야 하겠다.

問題 5

問題 5 では、問題用紙に何も印刷されていません。まず文を聞いてください。それから、その返事を聞いて、1 から 3 の中から、正しい答えを一つ選んでください。

- メモ -

- メモ -

실전 대비 모의고사

제 1 회

聴解

もんだい
問題 1

問題1では、まず質問を聞いてください。それから話を聞いて、問題用紙の1から
4の中から、正しい答えを一つ選んでください。

1番

1 家
2 公園
3 和食レストラン
4 コーヒーショップ

2番

1 受付を済ませる
2 先生に会いに行く
3 事務室に行く
4 お昼休みを取る

3番

1 ごはんに塩を振る
2 水を用意する
3 握る
4 のりで巻く

4番

1 休みを代わってくれる人を探す
2 温泉がついているホテルを探す
3 飛行機の空きを調べる
4 会社に休みをとることを伝える

5 番

1 食事をする

2 お風呂に入る

3 荷物整理をする

4 おばあちゃんに電話をする

6 番

1 北海道に行く

2 試験を受ける

3 映画を観に行く

4 掃除をする

問題 2

問題2では、まず質問を聞いてください。そのあと、問題用紙を見てください。読む時間があります。それから話を聞いて、問題用紙の1から4の中から正しい答えを一つ選んでください。

1番

1 まだ授業が残っているから
2 友達と教室で会う約束があるから
3 図書館では勉強に集中できないから
4 これから家に帰るから

2番

1 ハンバーグが嫌いだから
2 好きなものは最後に食べたいから
3 昨日の夜も家でハンバーグを食べたから
4 同じ料理で3日前、具合が悪くなったから

1 花を贈っても良いか病院に確認すること
2 赤、白、青色の花を贈らないようにすること
3 匂いの強い花を贈らないようにすること
4 贈る花を、花屋に選んでもらうこと

1 サービスがいいから
2 安いから
3 おいしいから
4 種類が多いから

5 番

1 大好きなセーターが無くなってしまったから
2 自分のセーターを妹が着たから
3 自分のセーターを母親が着たから
4 大好きなセーターが、もう着られなくなってしまったから

6 番

1 母親が電話番号を間違えてかけていたから
2 息子が電話代を払っていなくて電話を止められたから
3 息子の電話の受話器が外れていたから
4 息子の携帯電話が壊れていたから

<ruby>問題<rt>もんだい</rt></ruby> 3

<ruby>問題<rt>もんだい</rt></ruby>3では、<ruby>問題用紙<rt>もんだいようし</rt></ruby>に<ruby>何<rt>なに</rt></ruby>も<ruby>印刷<rt>いんさつ</rt></ruby>されていません。まず<ruby>話<rt>はなし</rt></ruby>を<ruby>聞<rt>き</rt></ruby>いてください。
それから<ruby>質問<rt>しつもん</rt></ruby>を<ruby>聞<rt>き</rt></ruby>いて、<ruby>正<rt>ただ</rt></ruby>しい<ruby>答<rt>こた</rt></ruby>えを1から4の<ruby>中<rt>なか</rt></ruby>から<ruby>一<rt>ひと</rt></ruby>つ<ruby>選<rt>えら</rt></ruby>んでください。

－　メモ　－

問題 4

問題4では、絵を見ながら質問を聞いてください。それから、正しい答えを1から3の中から一つ選んでください。

1番

2番

もんだい
問題 5

問題 5 では、問題用紙に何も印刷されていません。まず文を聞いてください。
それから、その返事を聞いて、1 から 3 の中から、正しい答えを一つ選んで
ください。

－ メモ －

N3
실전 대비 모의고사
제 2 회

聴解

問題 1

問題1では、まず質問を聞いてください。それから話を聞いて、問題用紙の1から
4の中から、正しい答えを一つ選んでください。

1番

　　1　スーパー
　　2　本屋
　　3　八百屋
　　4　クリーニング屋

2番

　　1　本が戻ってくるのを待つ
　　2　本を買いに行く
　　3　明日、近くの図書館の本を借りる
　　4　近くの図書館へ行く

제2회 모의고사

3 番（ばん）

1 旅行（りょこう）の申込書（もうしこみしょ）に記入（きにゅう）する
2 パスポートを申請（しんせい）しに行（い）く
3 友達（ともだち）に電話（でんわ）する
4 スーツケースについて店員（てんいん）に相談（そうだん）する

4 番（ばん）

1 家（いえ）に帰（かえ）る
2 目的（もくてき）の映画（えいが）を観（み）る
3 買（か）い物（もの）をする
4 他（ほか）の映画（えいが）を観（み）る

5 番

1 病院へ行く

2 アルバイトへ行く

3 お昼を食べる

4 ゆっくり宿題をする

6 番

1 14時

2 14時 20分

3 14時 50分

4 15時 30分

問題 2

問題 2 では、まず質問を聞いてください。そのあと、問題用紙を見てください。読む時間があります。それから話を聞いて、問題用紙の 1 から 4 の中から正しい答えを一つ選んでください。

1 番

1 パソコンが壊れたから
2 男の人からのメールが届いていないから
3 忙しいから
4 パソコンを使うと目が疲れるから

2 番

1 有名かどうか
2 家からの距離
3 店員の客への接し方
4 価格

3 番

1 担当者が昼ごはんを食べに外出していたから
2 担当者が出張中だから
3 担当者が会社を辞めたから
4 担当者が別の人に替わったから

4 番

1 割引率が低いから
2 給料日前だから
3 本当に必要なものではないから
4 商品が一部壊れていたから

5番

1 今日は授業がないと思っていたから
2 先生が今日は教科書を使わないと言ったから
3 友達に確認したとき、教科書は必要ないと言われたから
4 試験が終わったので、教科書を捨ててしまったから

6番

1 機能が多く、デザインが良いこと
2 自分が必要とする機能だけ備わっていること
3 ゲームをしたりテレビを見たりできること
4 買い物の代金を支払えること

問題 3

問題 3 では、問題用紙に何も印刷されていません。まず話を聞いてください。
それから質問を聞いて、正しい答えを 1 から 4 の中から一つ選んでください。

- メモ -

問題4では、絵を見ながら質問を聞いてください。それから、正しい答えを1から
3の中から一つ選んでください。

ばん
1番

ばん
2番

<ruby>問題<rt>もんだい</rt></ruby> 5

<ruby>問題<rt>もんだい</rt></ruby>5では、<ruby>問題用紙<rt>もんだいようし</rt></ruby>に<ruby>何<rt>なに</rt></ruby>も<ruby>印刷<rt>いんさつ</rt></ruby>されていません。まず<ruby>文<rt>ぶん</rt></ruby>を<ruby>聞<rt>き</rt></ruby>いてください。それから、その<ruby>返事<rt>へんじ</rt></ruby>を<ruby>聞<rt>き</rt></ruby>いて、1から3の<ruby>中<rt>なか</rt></ruby>から、<ruby>正<rt>ただ</rt></ruby>しい<ruby>答<rt>こた</rt></ruby>えを<ruby>一<rt>ひと</rt></ruby>つ<ruby>選<rt>えら</rt></ruby>んでください。

－ メモ －

실전 대비 모의고사

제 3 회

聴解

もんだい
問題 1

問題1では、まず質問を聞いてください。それから話を聞いて、問題用紙の1から
4の中から、正しい答えを一つ選んでください。

1番

  1　1位
  2　2位
  3　3位
  4　4位

2番

  1　家に帰って来なければならない
  2　郵便局に行かなければならない
  3　宿題をしなければならない
  4　ピアノ教室に行って準備をしなければならない

3 番

  1 薬を買いに行く
  2 車を準備する
  3 病院に行く
  4 病院に電話する

4 番

  1 7時 10分
  2 7時 30分
  3 8時
  4 7時 40分

5 番

1 メロンの味
2 メロンの形
3 メロンの値段
4 メロンの大きさ

6 番

1 テストの説明を聞く
2 授業を受ける
3 歯医者に予約の電話をする
4 歯医者に行く

問題 2

問題 2 では、まず質問を聞いてください。そのあと、問題用紙を見てください。読む時間があります。それから話を聞いて、問題用紙の 1 から 4 の中から正しい答えを一つ選んでください。

1 番

1 働くことで学習する
2 人と話しながら学習する
3 授業中に寝る
4 勉強したい事を自分で決めて学習する

2 番

1 友達に嘘をつかれていたから
2 友達とのゲームに負けたから
3 ゲームを売っている店が閉まっていたから
4 失恋したから

3 番

1 遠すぎるから
2 何回も行ったことがあるから
3 飛行機に乗ることが嫌いだから
4 旅行する日が短すぎるから

4 番

1 娘が働き始めたから
2 娘の言い方が気に入らなかったから
3 娘がカバンばかり買うから
4 娘がお金を集めようとしないから

5 番

1 今までお金を使いすぎていたから
2 旅行に行きたいから
3 新しい家に引っ越したいから
4 料理の学校に行きたいから

6 番

1 テストの勉強をしなかったから
2 テストに出ない部分を間違えて勉強したから
3 英語が苦手だから
4 遅刻したためにテストを受ける時間が少なかったから

問題 3

問題 3 では、問題用紙に何も印刷されていません。まず話を聞いてください。
それから質問を聞いて、正しい答えを 1 から 4 の中から一つ選んでください。

－　メモ　－

問題 4

問題 4 では、絵を見ながら質問を聞いてください。それから、正しい答えを1から3の中から一つ選んでください。

1 番

2 番

831
200円！
かぼちゃ
400円
バナナ
300円
だいこん
150円
スイカ
900円

問題 5

問題 5 では、問題用紙に何も印刷されていません。まず文を聞いてください。それから、その返事を聞いて、1 から 3 の中から、正しい答えを一つ選んでください。

－ メモ －

스크립트 & 정답

聴解

스크립트

M：男性、男の子
F：女性、女の子

(1) 발음

가. 비슷한 발음　　→ 문제 p.10

1. あてる(当てる)	2. ちず(地図)
3. ゆうはん(夕飯)	4. あかい(赤い)
5. いふく(衣服)	6. えいぶん(英文)
7. だいぶ	8. かくじつ(確実)
9. かわ(皮)	10. かんねん(観念)
11. みたい(見たい)	12. いち(一)
13. けっしん(決心)	14. とうじつ(当日)
15. こっか(国家)	16. さいのう(才能)
17. ます(増す)	18. さんか(参加)
19. しはい(支配)	20. しゅうき(周期)

나. 탁음과 반탁음　　→ 문제 p.11

1. ざいりょう(材料)	2. さる(猿)
3. じかく(自覚)	4. スープ
5. ストップ	6. ぜんめん(全面)
7. そうとう(相当)	8. たしょう(多少)
9. のんびり	10. びっくり
11. びよう(美容)	12. むじ(無地)
13. ガム	14. かんびょう(看病)
15. きねん(記念)	16. きょたい(巨体)
17. こうじ(工事)	18. てぐち(手口)
19. こうばん(交番)	20. おさけ(お酒)

다. 촉음과 장음　　→ 문제 p.11

1. そっと	2. のうりょく(能力)
3. ノック	4. プロ
5. もっと	6. エスカレーター
7. ラケット	8. バター
9. やはり	10. カー
11. きっぷ(切符)	12. じかん(時間)
13. つうち(通知)	14. スキー
15. ねえさん(姉さん)	16. ビル
17. がか(画家)	18. レジ
19. ミス	20. ほうほう(方法)

라. 발음과 기타　　→ 문제 p.12

1. ほうしん(方針)	2. てんてん(点々)
3. せんせんしゅう(先々週)	
4. めいじん(名人)	
5. てんすう(点数)	6. じいん(寺院)
7. びょういん(病院)	8. はんせい(反省)
9. ガソリンスタンド	10. かちょう(課長)
11. ふじん(夫人)	12. いんしょう(印象)
13. へいきん(平均)	14. しわ
15. みかん	16. あき(秋)
17. たんい(単位)	
18. てんらんかい(展覧会)	
19. ぶぶん(部分)	20. サンドイッチ

→ 문제 p.15-16

🎧 15-16

（例）M：このネクタイどう？
　　　F：いいんじゃない？

---

1. F：野菜が急に高くなったね。
　 M：え〜そうかな。

2. M：本当に君は料理が下手だね。
　 F：そんなにまずくないと思うけど。

3. F：来月から始まるドラマ、おもしろ
　　　そうじゃない？
　 M：別に。

4. M：お湯が沸いてるから火を止めて
　　　くれる？
　 F：テーブルの上を片付けたらね。

5. F：木村君、明日誕生日だよね。
　 M：えっ、覚えててくれたんだ。

6. M：朝日旅館の電話番号知ってたら
　　　教えてくれる？
　 F：友達に聞いたら分かると思うんだ
　　　けど…ちょっと待ってね。

7. F：本当に森田君って真面目だよね。
　 M：うん〜、どちらかと言うとね。

8. F：大山君、この問題の答え分からな
　　　いんじゃないの？
　 M：な、なに、い、言ってるの？ 分か
　　　るに決まってるだろ！

9. F：退院できてよかったね。
　 M：うん、ありがとう。

10. F：足から血が出てるよ。
　　　痛いでしょ？
　 M：これくらい全然大丈夫だよ。

11. F：スーツケース探すの手伝ってくれ
　　　ない？
　 M：また、ないの？ で、僕はどこを
　　　探せばいいの？

12. M：僕、昨日彼女と別れたんだ…。
　 F：えっ！ あんなに仲が良かったのに
　　　どうして？

13. M：今日ステーキ食べに行こうか？
　 F：ステーキか…、あなたが行きたい
　　　なら。

14. F：ビール、おかわりしよ。
　 M：えっ、まだ飲む気？ 僕はもう無理
　　　だよ。

15. F：この帽子買ったんだけど、どう？
　 M：うん、すごくかっこういいよ。

16. M：来週約束していた映画、行くよ
　　　　ね？

　　F：もちろんよ。

17. M：僕は今回のテスト、前より難しか
　　　　ったと思う。

　　F：そうかな～。

18. M：このごろ急に暑くなったと思わな
　　　　い？

　　F：そ～う？ よく分からないわ。

19. F：若い間に色々経験することって
　　　　大事だよね。

　　M：そうそう、時間があるうちにな。

20. F：今日の授業のレポートを明日まで
　　　　に出してください。

　　M：えっ、レポートを明日まで？ でき
　　　　るかな…。

→ 문제 p.17 🎧 17-01

1. 母親と息子が話しています。息子はなぜ怒っているのですか。

　　F：けいすけ、どうしたの？ さっきから全く話さないで。
　　M：お母さんに怒ってるんだよ。
　　F：あら、どうして？ お母さん、けいすけが怒るようなこと何もしてないと思うけど。
　　M：昨日、明日サッカーの試合があるから服の準備と、お弁当を用意してほしいって言っ
　　　　たよね。
　　F：あら、そうだったわね。ごめんね。テレビに夢中で忘れちゃったわ。
　　M：もういいよ。服とお弁当は自分でも用意できるから。それよりも本当にお母さんはい
　　　　つも人の話をちゃんと聞こうとしないよね。聞いてもらえなかった人は気分悪いから
　　　　直した方がいいよ。
　　F：本当にごめんね。

→ 문제 p.17 🎧 17-02

2. 男性と女性が話しています。男性はなぜのどが痛いと言っていますか。

M：山川さん、のどあめ持ってない？

F：今日は持ってないわ。のど痛いの？風邪でもひいた？

M：ううん…。昨日無理しちゃったかな…。

F：なになに～。昨日サッカー見に行くって言ってたじゃない。そこで大きな声でも出したの？

M：サッカーの試合は仕事が遅くまでかかって見に行けなかったんだ。

F：じゃあ、辛いものでも食べた？

M：確かに昨日辛い料理を食べたけど、少ししか食べてないから痛くなるはずがないんだけどな。あっ、昨日働いてるときにタバコを吸いすぎちゃったからかな？

F：うん、きっとそれが原因よ。

→ 문제 p.17 🎧 17-03

3. 男子学生と女子学生が話しています。二人は何時に図書館の前で会うことにしましたか。

F：あ～あ、来週からテストか。嫌だな～。

M：本当だね。僕全然勉強してないよ。

F：私も。前のテストの結果が悪かったから今回はいい点を取らないとダメなのに…。

M：そうだ。じゃあ、今日暇なら一緒に図書館で勉強しない？

F：いいね～、そうしよう。じゃあ、授業終わるのが4時30分だから、4時40分に図書館の前で会うのはどう？

M：あ～…。ごめん、僕クラブの練習が5時から30分だけあるから練習終わった10分後に図書館の前でもいい？

F：分かった。じゃあ。

→ 문제 p.17 🎧 17-04

4. 父親と娘が話しています。二人は何の映画を見ることにしましたか。

F：ねえ、お父さん。暇だし、映画でも見に行かない？

M：映画か…。お父さん久しぶりだなー。今映画館に行くとどんな映画が見られるんだ？

F：「みんなの笑う顔」っていうコメディー映画と「ドラキュラが町に来る」っていう怖い映画、あと「月の中で」と「子供たちの歌」っていう泣ける映画の4つよ。

M：そうかー。お父さん明美の前では泣けないから泣ける映画以外がいいな。

F：そんなお父さんの性格じゃ怖がってる顔も見せたくないって言いそうね。

M：そうだな。

F：じゃあ、このコメディー映画にしましょう。

→ 문제 p.17 🎧 17-05

5. 妻と夫が話しています。夫が新しい食器を買おうとした理由は何ですか。

F：ねえ、私欲しいものがあるんだけど。

M：何が欲しいんだ？

F：食器なんだけど。

M：食器？　誰か大事な客でも来るのか？

F：そうじゃないんだけど、昔に買ったものばかりだから、汚くなっちゃって。

M：少し汚くなったからって捨ててはダメだろう。割れたわけでもないのに。

F：そうですね。じゃあ、もうしばらく今ある食器を使うようにするわ。…あっ、そうだ。今週の日曜日あなたの会社の社長がいらっしゃるって言ってなかった？

M：あっ、そうだった。今すぐ新しい食器を買いに行こう。

→ 문제 p.18 18-01 ....

1. 先生と生徒が話しています。生徒は発表の日を何日に変えてほしいと言っていますか。

    M：先生、ちょっとお話ししたいことがあるんですけど。

    F：何ですか、木村君。

    M：僕、政治と社会についての発表の日が明日なんですけど、変えて欲しいんです。

    F：木村君の発表日は明後日の19日じゃなかったっけ？

    M：はい、そうだったんですけど、森本が変わってくれって言ったので変わったんです。先生にも言ったと思うんですけど。

    F：そうだったっけ…、ごめんね。で、いつに変えたいの？

    M：3日後にお願いしたいです。

    F：分かったわ。でも急にどうしたの？何かあった？

    M：はい、母が入院することになって準備のために2日間学校を休ませていただこうと思いまして。

    F：そうだったの〜。分かった、その日に変えとくわ。

→ 문제 p.18 18-02 ....

2. 先生が明日のパン工場の見学について話しています。明日生徒が持参しなくてもいいものはどれですか。

    M：みなさん、明日はパン工場を見学する日ですね。楽しみですか？明日はバスで行きますが、天気予報で明日は曇りだということなので傘を持ってくるようにしてください。また、暑い中、少し歩かなければならないので、タオルや飲み物も忘れず準備してください。今回行くパン工場ではパンをもらえるのでお弁当は持ってこなくても結構です。では、みなさん。明日はみんなで楽しみましょう。

→ 문제 p.18 🎧 18-03

3. 男性と女性が話しています。女性はなぜ喜んでいますか。

M：ごめん、遅れちゃって。

F：本当に遅い！ 何時間待ったと思ってるの？

M：本当にごめん。準備に時間かかっちゃって。

F：準備って何の？ 服とか髪型とかいつもと一緒だけど。あっ、そうだ。スケートのチケット買っておいたわよ。

M：さすがだね。ありがとう。やっぱり君は準備がいいね。

F：ま〜ね…ってそんなんで気分をよくしようとしても無駄よ。

M：そういうわけじゃないよ。本当にごめん、今日は君の誕生日だったのに。

F：へぇ〜覚えてたんだ。

M：もちろんだよ、はいこれ。

F：何？ あっ、これ私が前欲しいって言ってた指輪じゃない。

M：うん、これがなかなか見つからなくて遅れちゃったんだ。

F：そうだったんだ。怒ってごめんね。本当に嬉しい。ありがとう。

→ 문제 p.18 🎧 18-04

4. 会社で男性と女性が話しています。男性は会社が終わった後、最初に何をしますか。

F：今日は仕事、早く終わりそうね。

M：そうだね。早川さんは仕事が終わった後どうするの？

F：私はコートを買いに行こうと思って。いつも着てたコートの色が変わっちゃって…。清水君は？

M：僕は…何かおいしいものでも食べに行きたいな〜。あっ、髪も切りに行かないと。

F：やりたいことたくさんあるのね。でも清水君今日お金ないって言ってなかった？

M：そうだ！ 銀行に行ってお金をおろさないと何もできないよね。まず銀行行こう。

F：そうよ。あっ、お金おろしたら私が清水君に貸してたお金返してね。

M：分かってるよ。

➜ 문제 p.18 🎧 18-05

5. 母親と娘が話しています。娘の将来の夢は何だと言っていますか。

F1 : みずきは将来なりたいものとかあるの？

F2 : もちろんよ。

F1 : 何なの？　あ～、お母さん分かった。みずきは旅行が好きだから旅行雑誌の記者とか？

F2 : ううん、違うよ。テレビに出たいの。

F1 : えっ、じゃあ、歌手とかモデルとかになりたいの？

F2 : も～、お母さん最後まで聞いてよ。テレビに出るって言ってもアナウンサーとしてニュース番組に出たいっていう意味よ。

F1 : あ～、そういうことか。格好いいじゃない。頑張りなさい。

(6) 들은 정보를 다른 말로 바꾼다

➜ 문제 p.19 🎧 19-01

1. 男性と女性が話しています。女性がチーズが食べられない理由は何ですか。

F : これあげる。

M : 何これ？　おっ、チーズじゃん。うまそ～。何で食べないの？

F : 私チーズ食べられないのよね。

M : えっ、何で？　臭いが強いから？　そうじゃなかったら味がダメとか？

F : う～ん、そうじゃないの。何回か食べたんだけど、何度かお腹が痛くなったことがあって、食べないほうがいいかなと思うようになったの。

M : そうだったんだ。チーズが食べられないっていう人はだいたいこの２つが理由で食べないから山下さんもそうだと思ったよ。

F : あと柔らかさね。

M : あっ、そうそう。

→ 문제 p.19 🎧 19-02

2. 母親と息子が話しています。息子はなぜ柔道をやめたいと言っていますか。

M：お母さん、僕柔道やめたいんだけど。

F：急にどうしたの？ この前までは楽しいって言ってたじゃない。理由は何？

M：うん…。体が辛くなったんだ。

F：どうしたの？ 怪我でもしたの？

M：ううん。来年花北高校に入るために今勉強してるだろ。朝から学校に行って学校から
　　帰ったらすぐ柔道教室に行くから休む暇もないんだ。

F：そうね～。

M：僕、本当にこの学校に入りたいから、勉強にだけ力を入れたいんだ。

F：そうなの。分かったわ。お母さんも今まで、たけしが辛いことを知らなくてごめんね。

→ 문제 p.19 🎧 19-03

3. 母親と息子が話しています。息子はどの動物が怖いと言っていますか。

F：まさとは本当に動物園が好きね。

M：うん、いろんな動物が見られるからね。あっ、僕この動物怖いから他の所に行こう。

F：どうしてこの動物が怖いの？

M：前、けいすけ君とけいすけ君のお母さんと動物園に来た時に、りんごをあげようとし
　　たら、けいすけ君が鼻で押されて倒れちゃったんだ。この動物の鼻長いし、体も大き
　　いからすごい力だったって言ってたよ。

F：ま～、そんなことがあったの？ お母さん知らなかったわ。

→ 문제 p.19 🎧 19-04

4. 先生と生徒が話しています。先生は成績を上げるにはどうすればいいと言っていますか。

F：先生。

M：西村さん、どうしました？

F：私、テストの成績が上がらないんです。いくらテストの前に勉強しても点数が上がら
　　なくて…。先生、どうすれば成績が上がるんですか？

M：授業の前にその日習うことを勉強して授業を受けていますか？

F：はい。

M：では授業の後にその日習った内容をもう一度家で確かめていますか？

F：…いえ。

M：それをすると、成績は上がると思います。実は勉強の中でこれが一番大事だと言われているんですよ。いくらテストの前にたくさん勉強したり、出そうなところを考えても成績は上がりません。毎日少しずつ勉強していくことが大切なんですよ。

F：そうだったんですか。先生、ありがとうございました。

→ 문제 p.19 🎧 19-05

5. 男子学生と女子学生が話しています。男子学生は賞金をどう使うと言っていますか。

F：山田君、おめでとう。作文コンクールで賞もらったんでしょ。

M：ありがとう。そうなんだ。賞と一緒に賞金ももらったんだ。

F：へぇ〜、そうなんだ。良かったね〜。何に使うの？

M：お母さんとお父さんにおいしい料理を食べさせてあげようかなって思ってるんだ。

F：そうなんだ。すごいね。レストランに行くの？

M：ううん。僕が作ろうと思って。

F：山田君って料理できるの？ すごいね。

M：そんなたくさんは作れないけど、昔から料理が好きで今も毎週日曜日に料理学校に通ってるんだ。

F：お父さんとお母さんにとって、すごくいいプレゼントになりそうね。

M：うん。そうなればいいけど。ありがとう。

→ 문제 p.20 🎧 20-01 ……………………………………………………………………………

1. 男性と女性がデートにどこへ行くかを話しています。二人はどこへ行くことにしましたか。

M：今週の日曜日のデート、どこか行きたいところある？

F：う～ん、そうね。前のデートは海に行ったからそれ以外の場所がいいな～。

M：じゃあ、湖はどう？ テレビで見たんだけど、すごくきれいな湖があってさ。

F：う～ん、今回はいいわ。湖も海と何となく似てるし。あっ、そうだ。最近家の近くに大きな美術館ができたんだけど、行ってみない？

M：僕、絵はあまり好きじゃないな…。あっ、買い物はどう？ この前、靴欲しいって言ってなかった？

F：今、お金ないから買えないよ…。あっ。

M：どうしたの？

F：たける君が見た番組って「大きな自然」？ 本当にきれいだね。私ここ行ってみたい。

M：じゃあ、日曜日に行こう。

   1．海   2．湖
   3．美術館   4．買い物

→ 문제 p.20 🎧 20-02 ……………………………………………………………………………

2. 男子学生と女子学生が話しています。男子学生は今日アルバイトを何時間しますか。

F：ねぇ～山本君。おいしいラーメン屋を見つけたんだけど、今日授業終わった後、行かない？

M：ごめん、今日アルバイトがあるから、行けないや。

F：えっ、今日も？ 最近毎日アルバイトだね。体辛くない？

M：ううん。大丈夫だよ。

F：いつも何時間働いてるの？

M：学校がある日は5時から10時までだから5時間で、週末アルバイトする時は昼の1時から夜の8時までだから…7時間かな。

F：大変そうね。今日も無理しちゃダメよ。

M：ありがとう。でも今日はいつもより2時間少ないから大丈夫だよ。

1. 3時間　　　　　　　　2. 4時間

3. 5時間　　　　　　　　4. 6時間

➡ 문제 p.20 🎧 20-03

3. 男子学生が発表しています。男子学生は思っていることをそのまま言ってしまう原因は何だと言っていますか？

M：では発表を始めます。みなさんは大学の4年生なので1回ぐらいお酒を飲んだことがありますよね。その時、思っていることをそのまま言ってしまったり、大きな声で話したくなったりしませんでしたか？ あると答える人が多いと思います。では、なぜそうなるのか、みなさんは知っていますか？ それはお酒の中にアルコールが入っているからです。アルコールとは人が普通に動いたり考えたりすることをできなくさせるものです。アルコールが人の体の中に入ると、そのアルコールを胃と腸が吸収します。そして血と一緒に体全体に運ばれます。体全体にアルコールが運ばれることで自分の気持ちを止めることができなくなり、さっき言ったみたいに思っていることをそのまま言ってしまったり、大きな声で話したくなったりしてしまうのです。

1. 体全体にアルコールが運ばれること
2. 普通に動いたり考えることをやめること
3. アルコールが入っているお酒を飲まないこと
4. 大きな声で話すこと

➡ 문제 p.20 🎧 20-04

4. 男の人と女の人が話しています。二人はタクシーを何分待ちましたか。

M：ここがタクシーが来るところだよね。

F：うん、でもタクシーが一台もないね。

M：そうだね。今11時だから、バスがなくて乗る人が多いのかもね。

F：そうね。じゃあ、少し待ちましょうか。あっ、そうだ川本君、この前もうすぐ結婚するって言ってたわよね。

M：うん。来月にできればいいんだけど、今仕事が忙しいだろ？　だから、もう少し後になるかもしれないんだ。

F：そうなんだ。でもおめでとう。また結婚式の日が決まったら教えてね。あっ、タクシーが来たわ。

M：5分ぐらいしか待たずに済んだね。ん？　あのタクシーもう他の客が乗ってるよ。

F：本当だ…。もう少し待たないとダメね。夜はタクシーに乗る人が多いんだから、もう少したくさんタクシーが走っていてもいいのにね。

M：そうだね。あっ、来たよ。

F：今度こそは乗れそうね。今何時？

M：11時8分。

1．5分　　　　　　　　2．6分

3．7分　　　　　　　　4．8分

→ 문제 p.20　🎧 20-05

5．男子学生と女子学生が話しています。女子学生がダンスに興味を持ったのはいつですか。

M：ねえ、今日授業終わったらご飯食べに行かない？

F：ごめん、今日はこの後ダンス教室があるの。

M：へぇ～、山本さんダンス教室通ってるんだ～。いつから？

F：2年前から。本当に楽しいよ。山下君もやってみたら？

M：うん…、でも僕はそういうの見るのは好きなんだけど、自分がやるのは苦手で…。

F：そうなんだ。私、中学生のときに学校でダンスの授業があってそれでダンスが好きになったの。

M：それでダンスに興味を持ったんだね。

F：ううん、ダンスに興味を持ったのは中学に入学する1年前かな。そのとき高校生だったお姉ちゃんがダンス教室に通っててその発表会を見に行ったとき、格好よくて興味がわいたの。実際にダンスを始めたのは中学生のときからだけどね。

M：へぇ～、そうなんだ。

1．小学生　　　　　　　2．中学生

3．高校生　　　　　　　4．大学生

→ 문제 p.21 🎧 21-01

1. 男子学生と女子学生が話しています。二人は先生に何をプレゼントすることにしましたか。

F：ねえ、来週大森先生の誕生日だよね。

M：本当だ。いつもお世話になってるから、何かプレゼントしたいね。

F：そうね。何をあげたら先生喜ぶかな？　そうだ、ネクタイはどう？

M：先生いつもスーツ着てないからあまり必要ないかもしれないよ。あっ、カバンは？　先生のカバン古そうだし、新しいの買ってあげたら喜ぶかも。

F：あのカバンは先生のお母さんが買ってくれたもので、とても大事にしてるみたいなの。だから、私達が新しいの買っても使ってくれなさそうなんだけど。

M：そっか〜、じゃあ、どうしよう。服とか靴とかかな。

F：うん…、先生最近買い物する時間ないって言ってたから買ってあげたいけど、サイズが分かんないよね。

M：そうだね…、困ったな。あっ、思い出した。足の大きさ先生と僕同じだった。

F：じゃあ、それ買えるじゃない。今から買いに行こう。

1. ネクタイ　　　　　　　2. カバン
3. 服　　　　　　　　　　4. 靴

→ 문제 p.21 🎧 21-02

2. 女性二人が話しています。二人はどのホテルに泊まることにしましたか。

F1：ねえ、来週休みが多いじゃない？　旅行にでも行かない？

F2：いいねぇ〜、行こう行こう。どこに行く？

F1：ねえ、この雑誌見て！　スキー楽しそうじゃない？

F2：わー本当だ。私行ったことないの。行こう行こう。

F1：うん、で、スキーする場所の近くにホテルがいくつかあるんだけど、どのホテルがいいかな？　私はこの青村ホテルか山緑ホテルがいいと思うんだけど。

F2：う〜ん、でも青村ホテルは他のホテルに比べてちょっと高いね。山緑ホテルはスキーする場所から一番遠いし。他にはないの？　…ここはどう？　西赤ホテル。

F1：私も最初にこのホテルがいいかなと思って予約しようとしたんだけど、いっぱいだっ
　　た。

F2：そうなんだ。じゃあ、一番安い黒井ホテルにする？

F1：う〜ん、でもここ料理が出ないからな〜。ねぇ、久しぶりの旅行だし、高いかもしれ
　　ないけど、ここに泊まらない？ すごく人気あるみたいだし。

F2：…そうね、そうしよっか。

　　1．青村ホテル　　　　　　　2．山緑ホテル
　　3．西赤ホテル　　　　　　　4．黒井ホテル

→ 문제 p.21　🎧 21-03

3．男の人と女の人が話しています。男の人はどの色のオートバイを買うことにしました
　　か。

F：何の雑誌を見てるの？

M：うん？ オートバイの雑誌だよ。先月免許取ったから買いたいなと思って。このオート
　　バイ格好いいと思ってるんだけど、色がたくさんあって困ってるんだ。どの色がいい
　　と思う？ 僕は黒か茶色にしたいなと思ってるんだけど。

F：う〜ん…。黒とか茶色は夜になると見えづらくなるから危険じゃないかな。赤いオー
　　トバイにすれば？ きれいな色でいいんじゃない？

M：赤は僕にはかわいすぎるよ。

F：じゃあ、青は？

M：僕が今乗ってる自転車が青だからまた青はな〜。

F：じゃあ、あなたが始めに言ってた色にしたら？ でも黒は本当に危ないと思うんだけど
　　な。

M：分かったよ。じゃあ、黒じゃないほうにするよ。

　　1．黒　　　　　　　　　　　2．茶色
　　3．赤　　　　　　　　　　　4．青

4. 男子学生と女子学生が話しています。二人は何曜日にレポートを書くことにしましたか。

F：ねえ、山本君。私達今週中にレポート終わらせなきゃならなかったわよね。

M：あっ、そうだったね。忘れてたよ。どうしよう。今日火曜日だよね。今日授業終わった後やろうか。

F：ごめん、今日は約束があって。

M：じゃあ、明日は僕が特別授業に出ないとダメだから。明後日は？

F：その日は私が特別授業があるわ。

M：じゃあ、金曜日しかないね。でも金曜日中に出さないとだめなのに大丈夫かな…。

F：そうねぇ…。分かった。じゃあ、私今日の約束他の日にしてもらうから、今日やりましょう。

1. 火曜日　　　　2. 水曜日
3. 木曜日　　　　4. 金曜日

5. 母親と娘が話しています。二人はこの後、何を食べることにしましたか。

F1：お母さん〜。いっぱい歩いてお腹すいちゃった。何か食べたいな。

F2：そうねぇ〜。お母さんもお腹すいたわ。でも、この時間にご飯を食べると晩ご飯食べられなくなりそうね。ケーキでも食べる？

F1：ケーキは太るから嫌だ。私昨日からダイエットしてるの。

F2：あら、そうだったの？　じゃあ、サラダとかしか食べられないわね。お母さんは違うもの食べたいけど…。

F1：お母さんは何食べたいの？

F2：そうねぇ〜、あら、このサンドイッチおいしそうじゃない？

F1：朝もパン食べたじゃない。…あっ、このステーキ弁当おいしそう…。

F2：まゆみ…。

F1：わ、分かってるわよ。

F2：お母さん、あまり食べたくないけど、まゆみのダイエットのためにそれ食べるわ。行
　　きましょう。

　　1．ケーキ
　　2．サラダ
　　3．サンドイッチ
　　4．ステーキ弁当

→ 문제 p.22 🎧 22-01 ....

1．パン教室の先生が話しています。この先生は何について話していますか。

　F：今日は子どもでも食べやすい大きさのミニパンを作っていきたいと思いますが、その
　　前にどうやって作るのかを話したいと思います。まず大きい容器にパンのもととなる
　　物とお湯を入れ、10分ほど手で二つを合わせていきます。その後、その合わせたも
　　のを別の容器に入れ、ぬれたタオルをかけて35度くらいの場所に1時間ほどおきま
　　す。その後、小さく切って、もう一度タオルをかけて10分ほどおきます。10分後に
　　きれいな形にし、オーブンで10〜15分ほど焼けばパンの完成です。では、みなさん
　　作っていきましょう。

　　1．パンの歴史
　　2．パンのおいしい食べ方
　　3．パンの作り方
　　4．おいしいパンを選ぶ方法

→ 문제 p.22 🎧 22-02 ....

2．先生が授業で話しています。先生が話している内容と合っているものはどれですか。

　M：みなさん、朝起きられずに寝坊したことありますよね。みなさんも寝坊の原因はいく
　　つか考えられると思います。まず、前の日に遅くまで起きていることです。これは休
　　みの前の日であれば関係ありませんが、次の日、学校や仕事があると少ししか寝られ
　　なくなるので起きることも辛くなります。また、寝る前に食べ物を食べるということ

です。これは、次の日の朝にお腹がすかないので起きる必要がないと体が思ってしまい起きられない原因となります。この二つはみなさんもよくやってしまうのではないでしょうか。そこで今日は寝坊しない方法を教えたいと思います。それは布団やベッドの近くに飲み物を置いておくことです。そして、朝起きてすぐそれを飲むことで気持ちよく起きられます。信じられない人もいるかもしれませんが、一度やってみてください。

1．寝坊しないためには夜寝る前に飲み物を飲むと良い。
2．寝る前に食べ物を食べることは寝坊の原因として考えられる。
3．次の日、学校があるときは遅くまで起きていても良い。
4．朝起きて飲み物を飲むと眠くなるので寝坊しやすくなる。

→ 문제 p.22 🎧 22-03 ‧‧‧

3．医者が話しています。医者は何について話していますか。

M：私は風邪をひいたとき、いつもつける物があります。それはマスクです。マスクは風邪の原因となるものを口や鼻から入らないようにし、冷たい空気からも鼻や口を守ってくれます。そのためマスクは風邪をひいた人にも効果はありますが、風邪をひいていない人にも効果があります。周りに風邪をひいている人がいたり、病院に行かなくてはならないときにつけていくと効果があります。そして、電車のドアや建物のドア、いすなどを触った後、その手で鼻を触ったり、手を洗う前に食べ物を手で食べたりすることで風邪の原因となるものが体の中に入りやすくなります。マスクをすれば、鼻や口に手が当たることがないので風邪をひかないようにすることができます。マスクは人にとってとても大切なものなのです。

1．風邪の原因となるものをマスクが吸うかということ
2．マスクは家でつける方が効果があるということ
3．マスクがどれだけ人の体に大切かということ
4．風邪をひいた人にとってマスクはあまり必要ないということ

→ 문제 p.22 🎧 22-04

4. 先生が授業中に話しています。先生が話している内容と合っているものはどれですか。

F：食べ物にはおいしく食べられる熱さや冷たさがあり、それは食べ物一つ一つ違います。甘い味のおいしさは36度〜37度に近くなるほど強くなり、塩辛い味、苦い味は36度より低いほうが強くなります。では、食べ物別においしく食べられる熱さを紹介していきたいと思います。まずは水やお茶です。これは10度から15度にすると一番おいしく飲むことができます。その他に、アイスコーヒーは5度から10度、サラダは15度、アイスクリームは−6度から−14度、ビールは5度から10度です。皆さんも一度食べたい物をおいしく食べられる熱さにして食べてみてください。

1．アイスクリームは−5度から5度の間だとおいしく食べることができる。
2．塩辛い味のおいしさは36度から37度に近いほど強くなる。
3．どの食べ物も36度より低いほうがおいしく食べることができる。
4．12度にしておいた水やお茶はおいしく飲むことができる。

→ 문제 p.22 🎧 22-05

5. テレビで専門家が話しています。専門家が話している内容と合っているものはどれですか。

M：仕事でミスをしてしまうこと、ありませんか。そのミスのせいで社長や部長から怒られて辛い思いをしたりするでしょう。しかし、ミスの一つや二つ、誰でもしてしまうことです。その後が大切なのです。一つの失敗でその後ただ何もせず泣くのも、それをいい経験にするのも、自分の気持ちで変えられます。この失敗がいい経験となると考えられる人は、その後頑張ることで自分を強くすることができ、いい経験に変えることができると思います。また、仕事でミスしないために5分でも10分でも仕事の間に寝ることがいい方法だと思います。午後2時から3時までは眠い時間なので仕事のミスをしてしまいやすくなります。そんな時は少し寝て気分をリフレッシュすることで仕事のミスを少なくすることができると思います。一度やってみてください。

1．仕事でミスをした後、寝ると気分がよくなる。
2．仕事の間に寝れば、仕事でのミスが少なくなる。
3．仕事でミスした時は社長や部長に言えば許してもらえる。
4．ミスをいい経験にするために泣くことが大切だ。

→ 문제 p.24 🎧 24-01 ....

1. M：山本さん、何見てるの？

F：パソコン教室の案内のプリント。金田先生がくれたの。私、パソコンについてよく知らないから、将来働く時のためにも通おうかなと思って。

M：いいなぁ、僕も行きたいな。

F：そう？ じゃあ、一緒に行こうよ。え〜っとね。一週間に３回授業をするものと一週間に２回授業をするものがあるけど、どっちを受ける？

M：一週間に３回ある授業は何曜日にあるの？

F：え〜と、水曜日、木曜日、土曜日ね。一週間に２回の授業は木曜日と日曜日。月曜日と金曜日は教室が休みなの。

M：そうなんだ。僕毎週火曜日と水曜日にアルバイトがあるから一週間に２回の授業にするよ。

F：そっか〜。私は早く覚えたいから一週間に３回の授業を受けることにするわ。

M：うん、教えてくれてありがとう。そうだ。川上と藤田もパソコンを習いたいって言ってたからこの話してみるよ。

F：分かった。行くって決まったらまた連絡してね。先生に話しておくから。

→ 문제 p.25 🎧 25-02 ....

2. M：お母さん、今日の晩ご飯、何？

F：まさしはハンバーグが食べたい？ カレーが食べたい？ 今日ただし君のお母さんからおいしそうな牛肉をたくさんもらったから、それでどっちかを作ろうかと思ってるんだけど。

M：僕はカレーが食べたい。

F：じゃあ、カレー作ろうかな。お父さんもカレー好きだしね。

M：でも、お姉ちゃんがカレーあんまり好きじゃないよね。

F：大丈夫よ。今日はお姉ちゃん約束があって遅くなるって言ってたから。でも、カレーだけじゃ少ないわよね。トマトのスープとサラダも一緒に作ろう。野菜もいっぱい食べないとね。

M：うん。

F：あっ、でもトマトとピーマンがないわ。まさし、悪いけどスーパーで買ってきてくれ
　　ない？

M：いいよ。トマトとピーマンだね。何個買ってくればいいの？

F：トマト5つとピーマン3つ、お願い。

M：分かった。行ってきま〜す。

(2) 날짜, 요일, 시간 등

→ 문제 p.26 🎧 26-01 ．．

1．F：ねぇ、大谷君最近元気ないみたいだけど、何かあったの？

　　M：うん…、昨日失恋したみたいなんだ。3年間好きだった子らしいんだけど、本当に辛
　　　　そうだったよ。

　　F：そうだったんだ。明日土曜日で学校休みだから、大谷君呼んでみんなで昼ごはん食べ
　　　　ない？

　　M：いいねぇ〜。じゃあ、僕が大谷に言ってみるよ。あっ、その前に時間とか場所を決め
　　　　た方がいいよね。

　　F：そうね〜。じゃあ、12時に桃西駅の前で会うのはどう？

　　M：そうだね。でも昼ごはん食べるんだったら桃東駅で会った方がいいんじゃない？ 桃東
　　　　駅の周りの方が店が多いと思うんだけど。

　　F：そう言われればそうかもね。じゃあ、そうしましょう。明日は天気もいいみたいだか
　　　　らご飯食べた後動物園でも行く？ 私10人までお金を払わずに入れる券を持ってる
　　　　の。

　　M：いいねぇ〜。じゃあ、もっと友達呼ぼうか。

　　F：うん、私も呼ぶね。

→ 문제 p.27 🎧 27-02

2. M：先生、遅れてすみません。

F：西田君、また？　今月何回遅刻してると思ってるの？　6月1日から今日までの10日間で6回よ。今日で6回目よ、6回目、分かってる？

M：すみません。学校までのバスに乗れなくて…。

F：学校までのバスは3分おきに出てるから一本乗れなかったとしてもすぐ来るから遅れないはずでしょ！

M：ごめんなさい。実は家を遅く出ちゃって…。

F：西田君は長本公園の近くに住んでるって言ってたわよね。学校が9時に始まるでしょ。…8時30分に家を出れば間に合うじゃない。

M：そうなんですけど、準備に時間がかかっちゃって、8時45分に家を出ちゃったんです。

F：準備に時間がかかるなら早く起きて準備しなさい。今度遅刻したら家に電話するからね。

M：それだけは…、気をつけます。

(3) 숫자 (금액 등)

→ 문제 p.28 🎧 28-01

1. M：すみません。ズボンがほしいんですが、いいのありますか？

F：この黒いズボンはどうでしょう。今人気がありますよ。価格は15,000円です。

M：15,000円ですか？　ちょっと高いですね。

F：お客様のご希望の価格はいくらですか？

M：そうですね～、5,000円以下の物を買いたいです。

F：5,000円以下ですか～？　でしたら、この白いズボンと青いズボンになります。

M：白いズボンが3,800円で、青いズボンが4,800円か～。僕ズボンのサイズが28なんですが、ありますか？

F：ちょっと見てきますのでお待ちください。…　お客様すみません。青いズボンはあるのですが、白いズボンが27しかありません。

M：そうですか。28 サイズのものがあれば白いズボンを買いたかったんだけどな。すみ
ません。買うか考えてまた来ます。

→ 문제 p.29 🎧 29-02

2. F：おまわりさん、私が出かけている間に家に泥棒が入ったんです。
　 M：家の中で何が無くなったか思い出せますか？
　 F：えっと…家に置いてあったお金が無くなっていました。
　 M：そのお金は家のどこに置いていましたか？
　 F：たたみの部屋に鍵の付いている箱があるんですが、そこに入れていました。箱に
　　　20万円入っていたんですが、その中の15万円が無くなっていたんです。
　 M：鍵を家に置いていたのではないですか？
　 F：いいえ、家にある箱は番号を合わせて開ける箱で、その番号が鍵の代わりだったんで
　　　す。
　 M：その番号は何番ですか？
　 F：897です。
　 M：分かりました。調べてみます。ではお名前と誕生日を教えていただけますか？
　 F：はい、名前は山川緑と言います。誕生日は11月20日です。

(4) 기타

→ 문제 p.30 🎧 30-01

1. M：今日の晩ご飯はステーキだから、一緒に飲むお酒買わないとな。おっ、ここがお酒売
　　　り場だな。あったあったワイン。ステーキに合うのはやっぱり赤ワインだよな。
　 F：本当にあなたは赤ワインが好きね〜。でもこれ白ワインだけどステーキに合うって書
　　　いてあるわよ。
　 M：本当だな…。5,000円か…。値段はそんなに高くないけど、僕はやっぱり赤ワイン
　　　のこれがいいな。2,000年チリ産のワイン！
　 F：えっ、これ？　10,000円もするじゃない！　今お金ないから他のにしてくれない？　あ
　　　っ、これおいしそうね。赤ワインで3,500円ですって。2009年イタリア産。おい
　　　しそうじゃない？　これにしましょうよ。

M：う～ん…。今日僕の誕生日なんだから僕が買いたいもの買ってはダメかな…。

F：あっ…、そうだったわね。ごめんなさい、忘れてたわ。じゃあ、あなたがさっきいいって言ってた赤ワイン買いましょう。

M：ありがとう。それと君がいいって言ってたワインも買いなよ。安いし。

F：ええ、じゃあ、そうするわ。

➡ 문제 p.31 🎧 31-02

2．F：ねえ、この店で5,000円以上買うとゲームができるんだって。あっ、ここにゲームの賞品が置いてある。私、冷蔵庫がほしいな。家にあるのけっこう古いんじゃない？今日はこの店で5,000円以上買ったから私たちもできるわ。やりましょうよ。

M：そうだな。やってみるか。ところでこのゲームはどうすればいいんだ？

F：まず、A～Zの中で6個好きな英語を紙に書くの。6個全部書けたらあそこにある箱の中から6個、ボールを取るの。そのボールに書いてある英語と紙に書いてある英語が6個全部同じだったら1等でしょ。5個同じだと2等、4個同じだと3等、3個同じだと4等、そしてそれ以下は5等だって。

M：へぇ～そうなんだ。じゃあ、君がほしい冷蔵庫を当てようと思ったら4個当てなきゃダメなんだな。

F：そうよ。頑張ってね！じゃあ、英語を選んで。

M：そうだな～じゃあ、A、C、G、J、N、Qにするよ。

F：オッケー、じゃあ、私がボールを取ってくるね。… はい、6個取ったよ。

M：どれどれ…A、B、G、N、W、Z…あ～、もう少しだったのに～冷蔵庫。

F：本当ね。でも仕方ないわ。これでおいしいものでも食べましょう。

→ 문제 p.38 🎧 38-01

1番 男の人と女の人が話しています。二人はどの旅行のプランを選びますか。

M：今度のイタリア旅行、どのプランにしようか。

F：そうねー、イタリアは今回で３回目だし、ガイドさんがついていなくてもいいわよね。

M：そうだな。ガイドさんがいると面白いけど、見たい場所を時間をかけてゆっくり見られないからね。

F：あと、食事はどうする？

M：食事はついていた方がいいんじゃないか？ 特に朝ごはんの時間帯は外で開いている店を探して入るのも大変だと思うけど。

F：そうかしら？ ガイドブックには朝からやってるお店が結構たくさん載ってるし、大丈夫じゃない？

M：君がそう言うならいいけど。

F：もしあっちについて困ったことがあったら、ホテルの人に教えてもらえばいいわよ。

M：そうだね。

📢 二人はどの旅行のプランを選びますか。

→ 문제 p.39 🎧 39-02

2番 校長先生と男の先生が話しています。校長先生はいつ授業を見学しに行きますか。

F：先生、一昨日の月曜日の運動会、先生のクラスが一番でしたね。

M：あ、ありがとうございます。

F：先生のクラス、前はなかなか授業をするのも大変なクラスだったと聞きましたが、どんな風に教えたら今のような良いクラスができたのか、一度先生の授業を見学したいと思うんですが…、ちょうど来週の今日はいかがですか？

M：来週の今日ですか。水曜日ですね。あ、その日はクリスマスも近いことですし、クラスでお楽しみ会をすることになってるんです。

F：じゃあ、授業は見られないんですね。その前の日の午後はどうですか？

M：その日は学校の都合で、午後は休みですよね。

F：ああ、そうでした。

M：午前中はお越しになれませんか？

F：ええっと…その日は朝から会議なんですが、なんとか早めに終わらせて見に行きますね。

🔊 校長先生はいつ授業を見学しに行きますか。

→ 문제 p.39 🎧 39-03 ··

3番　駅のホームで駅員と女の人が話しています。女の人はこれからどうしますか。

F：あの、すみません。

M：はい。何でしょうか。

F：有楽町駅に行きたいんですけど、ここから、一度東京駅まで急行に乗って行って、そこから各駅に乗り換えて一駅行けばいいんですか？

M：あ、ちょっとその紙見せていただけますか？結婚式に行かれるんですね。

F：ええ、初めてなもので迷ってしまって。

M：ああ、このホテルですね。僕も行ったことがあります。場所は有楽町駅に近いのですが、東京駅と有楽町駅は地下で繋がっているので、乗り換える必要はないですよ。

F：でも結婚式まであまり時間ないし、一駅分歩くって結構かかるんじゃないですか？

M：乗り換えて一駅行くのも歩くのも時間はそんなに変わらないと思いますよ。

F：そうですか。わかりました。乗り換えたらお金もかかりますしね。ありがとうございました。

🔊 女の人はこれからどうしますか。

4番 姉と妹が話しています。姉は明日の朝までに何をしないといけないのですか。

F1: ねえ、お姉ちゃん。私がこの前貸したＤＶＤ早く返してくれる？

F2: えっごめん。それがまだ見終わってないの。最初のところだけ見たんだけど。誰かに貸すの？

F1: 貸すんじゃなくて返すの！ あれ、私のＤＶＤじゃなくて友達から借りたやつなんだよ。

F2: あっ、そうだったの。ごめん。早く言ってくれたら急いで見たのに。でも明後日でいい？

F1: なんで？ 今日見られないの？ できれば明日返したいんだけど。

F2: それがさー、明日、この前新人作家賞を取った人にインタビューすることになっちゃって。その人の本をインタビュー前に読んでおかなきゃいけないからさ。

F1: まぁ、仕事なら仕方ないか。ＤＶＤ貸してくれた子には私から謝っておくよ。

F2: あ…でも明日インタビューが終わったらその記事も急いでまとめなきゃいけないからやっぱり、明後日までに見るのも無理かも。今度、自分でビデオ屋で借りるわ。

🔊 姉は明日の朝までに何をしないといけないのですか。

5番 おじいさんと孫が話しています。孫が学校へ持って行くのは何ですか。

M: 楓ちゃん、今日、傘持って行ったほうがいいらしいよ。午後から雨だって。

F: あら、おじいちゃんありがとう。でも、それ昨日の新聞じゃない。

M: ああ、そうかい？ これ、昨日の新聞か…ごめんごめん。あれ、この近所で一昨日火事があったんだって。最近寒くて空気が乾いてるから火事が起きやすいらしいよ。

F: あ‼ 乾いてると言えば、おじいちゃん、ありがとう。あやうくクリーム持って行くの忘れるところだった。私の学校の教室も暖房つけすぎで乾いててさ。これがないと大変なの。

M: 楓ちゃん、今日の天気予報、もう一度見てみたけど、今日はだいぶ寒いみたいだよ。おじいちゃんがこの前買ってあげたセーターがあるだろう。それ、着て行ったらどうだい？

F：うん、私もそうしたいんだけど、私の学校、白以外のものは着て行っちゃいけない
　　の。可愛いんだけどね。あれは今度おじいちゃんと動物園に行くときに着るわ！
M：そうか。あとは忘れ物ないかな。
F：うん、手袋は昨日学校に置き忘れてきちゃったから向こうにあるし…。うん。大丈
　　夫みたい。じゃ、行ってきます！

🔊 孫が学校へ持って行くのは何ですか。

→ 문제 p.41 🎧 41-06 ···

6番　母親と娘が電話で話しています。娘は電話の後に何をしますか。

F1：もしもし、お母さんだけど。今、大丈夫？
F2：うん。今からお風呂に入ろうと思ってたところ。10時からドラマが始まるから、
　　　それまでに入っちゃおうと思って。
F1：そうなの。ところであなた最近元気でやってるの？　一人暮らし大変じゃない？
F2：ううん。別に大変じゃないわよ。お隣さんともうまくやってるし、この前なんか
　　　美味しいお料理分けてくれたわよ。私も料理しなくちゃいけないんだけど、なか
　　　なか時間がなくて。
F1：あっ、料理で思い出した。お母さんもお隣さんからカレーいただいたまま、お皿
　　　返してなかったわ。今、返してこないと、いつ会えるかわからないからお母さ
　　　ん、ちょっと行ってくるわ。
F2：あ！お母さん、和子おばあちゃんの誕生日っていつ？　確かもうそろそろよね。
F1：えっ？何言ってんのよ。今日よ、今日！　あんた、電話しなかったの？
F2：えー、本当に？　あー、今日はもう遅いかなぁ。9時だもんなぁ。
F1：分からないわよ、まだ起きていらっしゃるかもしれないわ。一度電話してみなさ
　　　いよ。
F2：うーん、そうね、今からちょっと電話してみる。お母さんも早くお皿返してきた
　　　ら。じゃ、またね。

🔊 娘は電話の後に何をしますか。

➜ 문제 p.41 🎧 41-07 ....

7番 男性と女性が次の休みについて話しています。二人はどこで待ち合わせしますか。

F：次の休み、どこ行く？ どっか行きたいところある？

M：そうだね。もう夏だし、晴れたら海でも見に行こうか。でも雨が降ったら何しようか。

F：うーん。雨が降ったら映画なんてどう？

M：いいね。じゃあ、どこで待ち合わせする？ 君の家は上野に近いから上野駅でもいいよ。

F：でも、それだとあなたが遠いんじゃない？ たしか浅草駅の近くだったよね。

M：うん。浅草駅から歩いて５分ぐらい。僕は上野駅でも大丈夫だよ。あっ、そうだ！
海に行くならゆりかもめに乗るし、新橋で待ち合わせするのはどう？ 雨が降ったら
その近辺で映画を観に行けばいいし。

F：いいよ〜。そうしよう。

🔊 二人はどこで待ち合わせしますか。

➜ 문제 p.42 🎧 42-08 ....

8番 教室で先生が女子生徒と話しています。女子生徒はこの後どうしますか。

F1：ねぇ、伊藤君が最近学校をよく休むんだけど、何かあったのかしら？ 伊藤君のこ
と何か知ってる？

F2：私、家が近いので昨日の学校の帰りに様子を見に行ったんですけど、ちょっと体
調が悪そうでしたよ。

F1：あら、何か悩んでるのかしら。転校してきてまだあまり経っていないから慣れな
いのかしら。あなたはしっかりしているからこれからも仲良くしてあげてね。

F2：はい。わかりました。あっ先生、今日も帰りに伊藤君の家に寄って帰るつもりで
すが、何か渡しておきましょうか？

F1：そうね。今日の宿題のプリントを渡してもらえると助かるわ。あと、来週の文化
祭のお知らせもお願いするわ。

F2：先生、宿題はたぶん体調が悪くて今日もできないと思いますよ。

F1：あ〜そうね。じゃ、お知らせの方のプリントだけ渡しておいて。

F2：はい、わかりました。

🔊 女子生徒はこの後どうしますか。

→ 문제 p.42 🎧 42-09

9番　母と娘が話しています。この後、娘は何をしなければなりませんか。

F1：まみ、今日は先生が来る日じゃない？　ちゃんと宿題した？

F2：したよ～。先生が来るまで時間があるから、それまで遊んできてもいい？

F1：いいけど、ピアノの練習はもうしたの？　まだなら先にしてから遊びなさい。

F2：ピアノは明日練習するから、今日は遊ばせてよ。今から友達と会う約束してるんだ。

F1：もう、仕方がないわね。でも明日はちゃんとしなさいよ。あっそうそう！　出かけるならついでにケーキ買ってきて。先生に出すお菓子買うのをすっかり忘れてて。

F2：いいよ。ところでお母さん今から出かけるの？　出かけるならお母さんが買ってきてよ。

F1：今からおばあちゃんの家に行かないとけないのよ、だから、まみが買ってきて先に出してね。

F2：分かった。ねぇお母さん、私の分も買っていい？

F1：仕方ないわね。今回だけよ。

🔊 この後、娘は何をしなければなりませんか。

→ 문제 p.43 🎧 43-10

10番　夫と妻が話しています。夫は何を買ってきて欲しいと言っていますか。

M：明日の夜、会社の同僚3人ぐらい連れてきてもいいかな？　引っ越しも手伝ってもらったし。

F：いいわよ。でも急ね。晩ご飯は何を出せばいいかしら。

M：適当でいいよ。おつまみ程度の簡単なもので。

F：じゃあ、からあげでも作るわ。あとはお寿司の出前でも取りましょうか？

M：いいね。みんなお寿司があると喜ぶよ。あと、お酒はある？

F：焼酎とワインならあるけど、ビールは…ないわね。

M：焼酎とワインしかないか。それじゃあ、明日までに何本か買ってきて欲しいんだけど、いいかな？

🔊 夫は何を買ってきて欲しいと言っていますか。

➜ 문제 p.43 🎧 43-11

11番　男性が料理教室の受付で話しています。この教室で借りられるものはどれですか。

M：あの、パンの作り方を習いたいと思うんですけど、何曜日に受けられますか？

F：パン教室ですね。パン教室の場合は月曜・水曜・金曜の夜7時からです。

M：土曜日の教室はありませんか？

F：ええ。土曜日は料理教室とパン教室の体験のみとなっております。

M：そうですか。では水曜日にします。あと、何か自分で用意するものはありますか？

F：テキストとエプロンが必要ですね。テキストは申し込み後に購入していただきます。エプロンは忘れた場合、受付で貸し出ししています。

M：ボールペンやノートなどは必要ですか？

F：テキストに直接書くことができますので、ノートは必要ないと思います。それと受付で書いていただくものがありますので、ボールペンは忘れずに持ってきてください。

M：わかりました。ありがとうございます。

🔊 この教室で借りられるものはどれですか。

➜ 문제 p.44 🎧 44-12

12番　男性と女性が花火大会について話しています。男性は何を用意しますか。

M：明日の花火大会は2万発の花火が上がるんだって。

F：わ〜すごいね。きっと大勢の人が来るだろうから少し早く行ったほうがいいんじゃない？

M：そうだね。花火大会が夜の7時から始まるから5時ぐらいに着くように行けばいいかな？

F：うん。それぐらいでいいと思うよ。私、浴衣を着て行こうと思うの。やっぱり花火大会には浴衣だよね。

M：おっ、いいね。でも虫がいるから気をつけないと。それと、会場の近くで何か食べ物を買って食べながら見ようと思うんだけど、どう？

F：いいわね。それなら飲み物も必要ね。虫なら私、虫よけスプレーを持って行くから大丈夫よ。

M：そっか。じゃ、僕はビールでも持って行こうかな。

F：ビールは会場の近くで買えばいいじゃない。それより、私、地面に直接座るのは嫌だから二人が座れるぐらいのシートを持ってきてくれると嬉しいな。

M：分かった。そうするよ。

🔊 男性は何を用意しますか。

➜ 문제 p.44 🎧 44-13

13番　お父さんと娘がＣＤショップで話しています。二人はＣＤを何枚買いましたか。

F：お父さん、何だか楽しそうね。何の音楽聴いてるの？

M：あぁ。これはオールストーンの曲だよ。しかも今日は新しいＣＤが２枚も発売されてるな。うーん、２枚買おうか…、どうしようか。

F：それなら私がお父さんにＣＤを１枚プレゼントしてもいいよ。

M：ありがとう。でも今度でいいよ。今日はともみの好きなピアノのＣＤを買いにきたんだからな。

F：うん。あっ、お父さん、あれ見て。今ならどれでも２枚で3,000円って書いてあるよ。ピアノのＣＤとオールストーンのＣＤを買うと２枚になるから3,000円で買えるね。

M：そうだね。でも、お母さんからも１枚買ってきてって頼まれてるからな。もう１枚買うと４枚になるからその方が安いか。

F：じゃあ、もう１枚もオールストーンのＣＤに決まりだね。

M：うーん。今日はオールストーンのＣＤは１枚にしておくよ。お母さんに怒られるからね。

🔊 二人はＣＤを何枚買いましたか。

→ 문제 p.45 🎧 45-01 ···

1番　男の人と女の人が話しています。男の人が兄弟がいない方がいいと思っていた一番の
　　　理由は何ですか。

　　F：ねえ、大沢君って兄弟の真ん中でしょう？

　　M：えっ？ どうして分かったの？

　　F：だって先輩とも仲良くできるし、よく年下の人の世話もしてるじゃない。だから。

　　M：ふーん。そう見えるんだ。今は違うけど、前は兄弟がいない方がいいと思ってたん
　　　　だ。

　　F：なんで？ 上の兄弟がいたら勉強とか教えてくれたりするじゃない。

　　M：うーん…、うちの場合は勉強が得意じゃなかったから…。

　　F：へぇ。私は妹が一人いるんだけど、いつも親に「お姉ちゃんなんだから」って何でも
　　　　かんでも世話させられてたから、私は上の兄弟が欲しかったわ。自分が上だと喧嘩
　　　　しても叱られるし。

　　M：うーん、俺は叱られてもいいから親に気にかけて欲しかったなぁ。ほら、長男長女
　　　　はしっかりしてるから、それで褒められることが多いじゃん。で、末っ子は甘えら
　　　　れるし、かわいがってもらえる。でも真ん中って意外と存在感が薄いんだよ。だっ
　　　　たら一人の方が良くない？

　　F：まぁ、言いたいことは分かるわ。でも、大沢君はそういう思いをしたから他の人と
　　　　の仲を大切にしようっていう気持ちがあるのかもね。

　　M：そう言ってもらえると兄弟がいるのも悪くないって思えるよ。ありがとう。

　🔊 男の人が兄弟がいない方がいいと思っていた一番の理由は何ですか。

→ 문제 p.46 🎧 46-02 ···

2番　女の人と男の人がレストランで話しています。女の人は何に驚いたのですか。

　　M：やっぱり食後はコーヒーが一番だね。山下は…砂糖とクリームだったよね。はい、
　　　　砂糖。

　　F：ありがとう。あなたも砂糖入れるでしょう？ はい…って、あっ、あなた今何やってる
　　　　の！

M：え？塩入れただけじゃん。

F：それコーヒーじゃない。スイカじゃないんだから砂糖の代わりに塩を入れても甘くならないわよ。

M：甘くするためじゃなくて、こうすると苦いのが少し薄くなるんだよ。今、塩とチョコレートとか意外な組み合わせのお菓子が人気があるの、知ってるだろう？ これもその一つだよ。

F：えー、でもコーヒーに塩はちょっと理解できない。塩をかけて美味しいのは、スイカと天ぷらくらいでしょ。あなた天ぷらに塩かけて食べたことある？ 本当にびっくりするくらい美味しいから。天ぷらは塩以外はありえない。

M：山下、自分が知らなかったからって何でも否定するなよ。もしコーヒーに塩を入れたくないんだったら、かわりに塩気のあるスナック類でいいからコーヒー飲む前に食べてみな。

F：わかったわよ。そんなに言うなら今度やってみるわ。

🔊 女の人は何に驚いたのですか。

→ 문제 p.46 🎧 46-03

3番 外国人観光客を乗せたバスのガイドが説明しています。食品サンプルについて驚くべきこととは何ですか。

M：これから皆さんをご案内するのは、日本でも珍しい食品サンプルを実際に作ってみることができる会社です。食品サンプルは、様々な食品、料理を本物のように作ったもののことで、カフェやレストランなどの店の入口に飾られているものです。客はその食品サンプルを見て、どの料理を注文するかの参考にします。驚くべきことは、食品サンプルは基本的に全て特別に注文し、一つ一つ手作りされることです。これは、例えばカレーライス一つにしても皿の形、量、見た目などが違うため、サンプルと実際に出てきた料理が違っていたという場合に起こる問題がないようにするためでもあります。これは日本だけの特別な文化で、アジアのごく一部を除き他の国では見られません。

🔊 食品サンプルについて驚くべきことは何ですか。

4番 大学生の男女が話しています。女の人が残念に思っていることは何ですか。

M：俺達、教育実習も明日で終わりだな。俺、最初は嫌だったけど、今じゃ生徒達も廊下で会えばにこにこ挨拶してくれるから、明日で終わると思うと少し寂しいなぁ。

F：私は子供っぽく見えるせいか、あまり先生っぽく見てもらえなくて「教えている」っていう実感が湧かなかったわ。

M：でも、先生でいる上で好かれるって大事だと思うよ。生徒が相談しやすい存在っていうことじゃん。

F：うーん、そう言ってくれるのはありがたいけど、何か先生になる自信を得るには足りなかったわ。

M：まぁ、俺も実際に指導してみて、自分が分かることと、人に分かってもらうことってずいぶん違うんだなって実感したよ。

F：そうねぇ。私は個人的に4週間じゃなくて8週間くらい実習ができていればもっと自分の駄目なところとか、反対に本当に先生になった時に生かせる能力も見えていたと思うの。

M：あぁ、佐々木のそういうところは本当にすごいと思うよ。俺なんか4週間でたくさんだって思うのに時間が短いことが残念だなんて…きっといい先生になるよ！

🔊 女の人が残念に思っていることは何ですか。

5番 お父さんとお母さんが話しています。二人は息子に右と左を何を使って教えますか。

M：お母さん、昨日、星矢が靴を反対に履いてたけど、星矢ももう5歳だし、学校にあがる前に右と左が区別できるようにさせなくちゃ。

F：私は昔、親からご飯を食べる時にお箸を持つ方が右、お茶碗を持つ方が左って教えられたわ。

M：俺もそうだった。でも今の時代は反対の子もたくさんいるし、俺たちが教えなきゃいけないのは箸や茶碗をどっちの手で持つかじゃなくて、どの方向が右や左かだろう？ どうしたらいいのかなぁ。

F：お父さん、辞書には「右」は「太陽が昇る方を向いたときに南にあたる方」ってあるわよ。

M：うーん、そうすると東西南北から始めなきゃいけないから、もっと複雑じゃないか？

F：まぁね。じゃあ、あの子車が好きだからこういうのはどう？　いつも運転手さんが座ってる方が右、座っていない助手席が左。

M：車か。なかなかいいね。でも待てよ。日本の車はいいけど、外国の車は違う場合もあるだろう。時計はどうだい？　3時の方が右で9時の方が左。

F：それ、いいわね。食器と車の場合だと見る方向によって右と左が違ってくるしね。

🔊 二人は息子に右と左を何を使って教えますか。

→ 문제 p.48　🎧 48-06

6番　男の人と女の人が電話で話しています。女の人は今日、なぜ会社に行かなかったのですか。

M：もしもし、島田ですけど、今井さん？

F：はい…そうですが…。

M：今日、会社に来なかったから気になって。何か、声が変だけど、風邪でも引いたの？

F：え…ううん、風邪じゃないけど、ちょっと今具合悪いの。注射が合わなかったみたい。今度仕事でアフリカに行くことになってて、今日午前中に受けてきたんだけど。

M：それでいなかったんだね。それにしても今井さんも具合悪くなることがあるんだね。

F：何それ？

M：去年の1月ごろ、会社中の人が風邪にかかってた時に、今井さん一人だけ平気だっただろ。

F：そうだったっけ。ねぇ、申し訳ないんだけど、本当に具合悪いから切るわね。電話、ありがとう。

M：ちょっと待って！　もし明日、今井さんが来なかったら社長との会議はどうすればいい？

F：さっき大野君に私の代わりに出席するようにお願いしておいたから心配しないで。じゃあね。

🔊 女の人は今日なぜ会社に行かなかったのですか。

→ 문제 p.48 🎧 48-07

7番 会社で男性と受付の女性が話しています。男性はなぜ店を変えたいと言いましたか。

M：山本さん、来週の飲み会なんだけど、店を変えてもいい？

F：どうしたの？　予約ができなかったの？

M：いや、予約はできたんだけど…。

F：予約できたなら別にいいじゃない。あっ、もしかして、広い席を予約できなかったから？　それとも、お店にいた可愛い子がやめちゃったとか？

M：席は問題なさそうなんだけど、僕の彼女が同じ日に予約してるらしくて…。

F：彼女もよく行く店なんだ。じゃ、その彼女紹介してよ。可愛いって言ってたから楽しみね。

M：う〜ん、実は最近、その彼女と別れたばかりで今は会うのがつらくて…。

F：なるほどね。

🔊 男性はなぜ店を変えたいと言いましたか。

→ 문제 p.49 🎧 49-08

8番 ラジオで女性が買い物について話しています。女性が買い物する時に気をつけていることは何ですか。

F：買い物に行くとついつい色々なものを買ってしまいますよね。すぐに新しい服などを買ってしまう人は、その買い物が本当に必要なものかどうかをもう一度考えてみるといいでしょう。お店でいいなと思ってもその日は買わずに、家に帰ってもう一度考える時間を取ると無駄を防ぐことができます。私はいつもそのようにして買い物をし、お金をなるべく使わないようにしています。

🔊 女性が買い物する時に気をつけていることは何ですか。

→ 문제 p.49 🎧 49-09

9番 夫と妻が話しています。夫が水泳をしたくない理由は何ですか。

F：あなた、最近ちょっと太ってきたんじゃない？

M：そう？ 最近、仕事が忙しいからな～。夜も遅い時間にご飯食べるからな～。

F：平日は仕事終わって飲みに行って、土曜と日曜は家にいて寝てばかりだから太るのよ。

M：疲れがたまってるんだよ。それに年をとるとだんだん運動する機会も減るからなぁ。

F：でも運動しないと体に悪いわよ。私、来月から水泳を始めようと思うんだけど、あなたも一緒にどう？

M：え～、嫌だよ。

F：あっ、まさか泳げないからとかじゃないでしょうね。

M：ちがうよ。泳ぐのは大丈夫だけど、お腹まわりの肉がね…。

F：う～ん。そうねぇ。

🔊 夫が水泳をしたくない理由は何ですか。

→ 문제 p.50 🎧 50-10

10番 女子学生と男子学生が話しています。女子学生が歯医者に行くのをやめた理由は何ですか。

F：私、今日初めて歯医者に行くんだけど、まさお君、歯医者に行ったことあるでしょう？ どうだった？

M：僕は子どもの頃からよく歯医者に通っているけど、痛くないよ。

F：へぇ、そうなんだ。友達が「歯を削ると痛いよ」って言ってたけど…。

M：削り方にもよるね。最近は詰める物も良くなってるから、たくさん削らなくていいみたいだよ。それに痛く感じないようにする注射は最初少し痛いけど、よく効くから大丈夫だよ。

F：そうなんだ。よかった～。

M：僕が通っているところは先生の腕がいいから今度紹介してあげるよ。

F：ありがとう。ところで私が今日行く歯医者は行ったことある？

M：ん～、そこは先生が怖いからやめたほうがいいよ。

F：そうなの？ じゃあ、今日は行くのをやめるよ～。

🔊 女子学生が歯医者に行くのをやめた理由は何ですか。

11番 母と娘が話しています。娘が冷蔵庫を変えたい理由とは何ですか。

F1：お母さん、いつも冷蔵庫の中身がいっぱいだから私の買ったケーキが入らないよ。新しくもう1台買わない？

F2：何でよ。もう1台買うお金なんてないし、お母さんは今の冷蔵庫で十分よ。それにケーキなんて時々しか買わないんだから必要ないわよ。

F1：そうだけど…。でも新しい冷蔵庫だと電気代が安くなるから節約もできるよ。

F2：新しくしても電気代なんてそんなに変わらないわよ。それに新しく冷蔵庫を買う方がお金かかるじゃない。

F1：そんなことないよ～。新しい冷蔵庫だと氷も自動で作ってくれるし、アイスクリーム専用の場所もあるんだよ。

F2：みかはアイスクリームを入れたいだけでしょ。

F1：ちがうよ～。冷蔵庫が大きくなれば、お父さんのビールも入るでしょ。お父さんもその方がいいって言ってたもん。お父さん、ビールがいつも冷えてなくてかわいそうだよ～。

F2：もしかして、お父さんのために言ってるの？

F1：うん。そうだよ。

🔊 娘が冷蔵庫を変えたい理由とは何ですか。

12番 女性がタクシーの運転手と話しています。運転手はなぜ並木通りを通ることにしましたか。

M：どこまで行きますか？

F：新宿のＡＢＣビルの前までお願いします。それと、できれば少し急いでもらえますか。

M：はい。分かりました。お仕事ですか？ この道は少し混んでるようですので、信号のない山田ビルの前の道を通りますね。混んでる時は山田ビルの前を通る方が早く着きますから。

F：ん～、それなら山田ビルの手前を右に曲がってもらえますか？ 前に山田ビルの前の道が工事していて遅刻したことがあるんです。

M：そうですか。分かりました。でも、そこは右に曲がりにくいので、もう1本隣の並木通りを通りますね。

F：それだと少し遠回りじゃないですか？　それに、あそこは最近新しく信号ができてから曲がりやすくなったって聞きましたけど？

M：信号ができたのはいいんですけど、新しい信号のせいでその次の信号のタイミングが合わなくてね。意外と時間がかかるので、この時間なら並木道りを通る方が早いと思います。

F：そうだったんですか。じゃあ、それでお願いします。

🔊 運転手はなぜ並木通りを通ることにしましたか。

➜ 문제 p.51 🎧 51-13 ....

13番 男子学生と女子学生が話しています。男子学生はなぜジャンプができなかったのですか。

M：昨日の体力テストどうだった？　僕は走るのは得意なんだけど、ジャンプが思ったより飛べなかったんだ…。

F：走るのが得意ってうらやましい。そういえば、運動はいつもクラスで1番の井上君よりも速かったって聞いたわよ。すごいじゃない。

M：井上はいつもすごいよな。僕も今年は勝ちたいと思って実は少し前から練習してたんだ。そのおかげかな？

F：足が速い人と一緒に走ると速くなるって言うしね。ジャンプも高く飛べる人と練習すればいいんじゃない？

M：ジャンプはいつも井上よりも高く飛んでいるんだけど、昨日はジャンプの前に違うテストをしたんだけど、その時に足を痛めてしまって…、今年は井上に勝てなかったよ。

F：そういえば井上君は学校終わってから家でジャンプの練習をしたって言ってたよ。

M：井上がジャンプの練習をしても僕があの時失敗しなければ1番だったんだけどな。

F：じゃあ、来年は両方1番になれるように練習しないとね。

🔊 男子学生はなぜジャンプができなかったのですか。

→ 문제 p.52 🎧 52-01 ···

1番　お母さんと娘が話しています。

F1：知美、明日は確かお隣の真由子ちゃんの誕生日でしょ。今年は何をあげるつもりなの？

F2：今年は何もあげないの。

F1：どうして？ あなた去年、真由子ちゃんの誕生日を忘れたって大騒ぎしてたじゃない。

F2：うん、だから今年はどうしてもあげたかったんだけど、真由子がいらないって。

F1：あ、でも、考えてみればこの前真由子ちゃんのおばあちゃん、亡くなったばかりじゃない。だから誕生日をお祝いしてもらう気分じゃないのかしら。

F2：うーん、そうじゃなくて、おばあちゃんが教会に通っていたらしいんだけど、おばあちゃんがなくなる前に一緒に教会に行った時にたくさんの不自由な生活をしている人に会ったんだって。

F1：それで自分にプレゼントを送るよりそのお金で他の誰かを助けて欲しいってことなのね。

F2：うん。私、色々探したけど、真由子にあげたいと思うものがなくてちょっと困ってたの。物じゃなくても違う形でお祝いってできるのね。

🔊 娘はなぜ今年、友達の誕生日に何もあげないのですか。
　1．友達の誕生日を忘れていたから
　2．友達に不幸があったから
　3．友達の希望だから
　4．特にこれといってあげたいと思える物がないから

→ 문제 p.52 🎧 52-02 ···

2番　お母さんと息子が話しています。

F：ちょっと、春樹、そのお弁当箱に入ったご飯、何？ あんたの学校、給食出るでしょ？

M：ああ、これ？ 言わなかったっけ？ 今日、学校で家庭科の時間に料理作るんだよ。

F：へぇ…、何作るの？ メニューはカレー？

M：う…うん。上手くできたら今度家でも作ってあげるよ。

F：ありがたいけど、違うことは分かってるんだから嘘はやめなさいよ。さっき亮君の
　　お母さんから電話があったけど、男の子だけでキャンプするらしいじゃない。それ
　　で必要なんでしょ？

M：えっ、何それ。聞いてないよ。亮たち、キャンプするの？

F：またまたー、お母さん、だまされないわよ。

M：違うよ！ 由里ちゃんたちと捨て犬を拾ったから食べさせるんだ！

F：ほら見なさい！ やっぱりカレーだなんて嘘じゃないの。

M：あっ！

🔊 息子は家のご飯をなぜ持ち出すのですか。
　　1．学校の給食だけでは量が足りないから
　　2．家庭科の授業で必要だから
　　3．友達とキャンプをするから
　　4．犬に食べさせるから

➜ 문제 p.52　🎧 52-03 ....

3番 夫婦ががテレビを見ながら話しています。

F：ねぇ、あなた。私、この宣伝嫌いだから他の番組にしていい？

M：えっ？ 嫌いなの？

F：あなた、これ何の宣伝か分かる？

M：うーん…、そういえば何回も見てる割には何の宣伝か記憶に残らないなぁ。

F：でしょう？ 私、そういう意味のないもの、嫌いなの。見るたびに買いたくなるよう
　　に記憶に残るような宣伝を作るのがプロってもんでしょう。

M：そう硬いこと言うなよ。音楽はちょっとうるさいけど、明るいし、女優さんも綺麗
　　じゃん。

F：そうかしら？ あ、そういえばこの人が私の修ちゃんと付き合ってるって知ってた？

M：私の修ちゃん…て、お前、芸能人なんだから。宣伝の内容がないとかなんとか言っ
　　て本当はこの女優が出てるから嫌いなんだろう？

F：違うわよ。

1．何を宣伝したいのかよく分からないから

2．見るたびに品物を買いたくなってしまうから

3．音楽がうるさいから

4．宣伝に出ている女優が好きではないから

→ 문제 p.52　🎧 52-04

4番　妻と夫が話しています。

F：ねぇ、そういえば、高山さんに祝いのお返しってまだしていなかったよね。何がいいかしら。この洗剤のセットもよさそうね。ん〜タオルのセットもいいわね〜。

M：なんだよそれ。生活用品なら自分でも買えるから違うものにしようよ。高山、肉が好きだからこの牛肉のセットでも送ってやれよ。

F：あなた、簡単に牛肉のセットって言うけど、牛肉のセットは少し高いわよ。それにあまり高いものだともらう方も遠慮しちゃうわ。

M：そうか？　じゃあ、ビールのセットなんてどうだ？　高山はよく飲むからちょうどいいと思うけど。

F：そうねぇ。夏だし、ビールもいいわね。でも、ビールっていろいろ種類があるし、奥さんは飲まないでしょ？

M：そうだな。それならタオルのセットにすればいいじゃない？　子どもも二人いるからあると便利だと思うよ。

F：じゃ、タオルにしようか。あっ、そういえば子どもで思い出したけど、高山さんの家って最近子どもがもう一人生まれたって言ってなかった？

M：そうだったな。ってことは三人だ。男の子三人なんて大変だな〜。

F：そうね。子どもが三人もいたら洗濯も大変だし、これからはタオルよりも洗剤の方が必要になるよ。

M：じゃあ、これに決まりだね。

二人が高山さんにあげる物はどれですか。

1．牛肉のセット　　　　　　2．タオルのセット

3．洗剤のセット　　　　　　4．ビールのセット

5番　お母さんと娘が話しています。

F1：お母さん、今日はカレーでしょ？　何カレーにしたの？

F2：今日はにんじんやピーマン、なすびの入った野菜カレーよ。お母さんが作ったから とってもおいしいわよ。

F1：え～、お母さん、私が野菜が嫌いなこと知ってるのに何でカレーにいっぱい野菜を 入れたの？　それに具がいつも大きくて食べにくいの。特に苦手なにんじんは大きく てにんじんの味がするから食べられないのよ。

F2：昨日、おばあちゃんに野菜をたくさんもらってまだまだ野菜が残ってるのよ。あな たの嫌いな野菜はすこし工夫しておいたわよ。

F1：ほんとだ～。小さくなって具が見えなくなってるね。

F2：これぐらい小さいとにんじんの味もしないでしょ。

F1：そうだね。にんじんの味もしないし、ピーマンは嫌いじゃないけど、この方が食べ やすいね。

🔊 お母さんが野菜を工夫した理由は何ですか。

　　1．娘が野菜の具がいつも大きいと言うから

　　2．おばあちゃんに野菜をたくさんもらったから

　　3．娘がピーマンが嫌いだから

　　4．娘がにんじんが嫌いだから

6番　会社で男の人と女の人が話しています。

M：そういえば、前田さんが出張中に総務の鈴木さんから電話があったよ。

F：そうなんだ、鈴木さんは何て言ってたの？

M：今週の金曜日から夏休みで1週間休みだから、必要なことがあれば今週の木曜日ま でに連絡くださいって。

F：あれ？　鈴木さん、先週も1週間ほど休んでなかったっけ？　そのときに夏休みをと ってたと思ったけど。

M：ちがうよ。あれは出張だよ。大阪に1週間出張に行ったって言ってたの覚えてない？

F：そうだっけ？　私は夏休みだとばっかり思ってたわ。

M：今日は水曜日だし、電話かけたらいるんじゃない？　でも３時からは会議って言って
　　たよ。

F：それなら今から電話してみるよ。………　あれ？　出ないね～。今、何時？

M：３時過ぎたところだよ。

　　１．夏休み中だったから
　　２．出張中だったから
　　３．お弁当を食べていたから
　　４．会議中だったから

→ 문제 p.52　🎧 52-07

7番　男性と女性が話しています。

　M：来週、引っ越すんだって？

　F：そうなの。いいところが見つかって。今よりも毎月払うお金が安くて、駅から近く
　　　のマンションに決めたの。

　M：いいね。そういえば、広い家にするか、悩んでなかった？　引っ越す家は広いの？

　F：広い家は毎月払うお金が高いからあきらめたの。でもその代わり、部屋から花火が
　　　見えるからって不動産屋が言ってたからちょっと楽しみだわ。

　M：家から花火が見えるなら、花火大会の時に遊びに行くよ。

　F：うん。おいで～。マンションの１階にはコンビニもあるから好きなもの買ってきた
　　　らいいよ。

　M：いいね～。コンビニがあると便利だね。あっ、もしかしてコンビニがあるのが一番
　　　の理由？

　F：違うよ～。長く住むならなるべく家にお金がかからない方がいいなと思ったから。

　M：なるほどね。

　　１．部屋から花火が見えるから
　　２．今よりも毎月のお金が安いから

3．マンションが駅から近いから

4．コンビニが1階に入っているから

→ 문제 p.52 🎧 52-08

8番 女性二人が話しています。

F1：今度さちよに男の友達を紹介しようと思うんだけど、4人で会うのはどう？

F2：4人？ あ〜ひろみの彼とひろみと私と…その男性？

F1：うん。駄目かな？ さちよは優しい人がいいって言ってなかった？ 私、前にその人に会ったことあるけど、いい人だったよ〜。

F2：へぇ、そうなんだ。いいね〜。私の理想は優しくて私のことを大事にしてくれる人がいいな。

F1：それって外見では判断できないから難しいけど、重要だよね。それ以外は？ 趣味とか、性格とか…。

F2：私、旅行が好きだから同じ趣味の人がいいな。性格は穏やかな人がいいよ。すぐ怒る人だと疲れそう。

F1：あ〜わかる〜。私とさちよは男性の好みが似てるね。私とさちよの好みで違うところは背が高くてスポーツが得意なところぐらいかな？ 私、女の子の中では背が高い方だから。

F2：そうだね。ひろみは背が高いからね。私は背にはこだわらないかな〜。それで今の彼は背が高いの？

F1：ん〜、実は背は私より低いけど、他に良いところがあれば背は低くてもいいかと思って。彼、スポーツが得意で、運動してる彼はとてもかっこいいの。

F2：へぇ、じゃあ、背は高くなくてもいいんだ。

F1：そうね。

🔊 二人の男性の好みで違う部分はどこですか。

1．優しさ

2．背の高さ

3．性格が穏やか

4．趣味が同じ

→ 문제 p.52 🎧 52-09

9番 会社で男の人と女の人が話しています。

M：小林さん、髪切ったんだね。ずいぶん短くなったね。

F：そうなの。気付いてくれてありがとう。本当は少しだけ切るつもりだったんだけどね。

M：へぇ、でも似合ってるからいいじゃない。そういえば女性は失恋した時に髪を切るって聞くけど、もしかして…。

F：彼とは別れていないわよ。来週、彼と海に行く約束してるから。でも、髪の毛が長いと乾かすのが大変でしょ。

M：そうなんだ。僕は男だから良く分からないけど、でも長い髪を切るのはもったいなくない？

F：そんなことないよ〜。髪の毛を切ると気分も変わるし、いいわよ。それにとっても涼しいし。

M：なるほどね。僕も少し伸びてきたからそろそろ切りに行こうかな〜。

F：そう？ まだ大丈夫じゃない？

M：そんなことないよ〜。僕もすっきりしたいし。ほら、夏になると暑いでしょ？

F：あっ、私と同じ理由だね。

M：やっぱりそれが一番の理由だったんだね。

F：うん、そうね。

🔊 女性が髪を切った一番の理由は何ですか。
　　1．髪の毛を乾かすのが大変だから
　　2．彼と別れたから
　　3．髪が伸びてきたから
　　4．夏になると暑いから

→ 문제 p.52 🎧 52-10

10番 お父さんと娘が話しています。

F：ねぇ、お父さん、今度の日曜日どこかに遊びに行こうよ〜。

M：どうしたんだ？ いつもは何にも言わないのに…。

F：夏休みの宿題で絵日記を書かないといけないの。

M：そうか？　じゃあ、動物園にでも行くか？　ゆうこは動物園が好きだっただろ？

F：うん、動物園は好きだけど、去年も行ったから毎年同じことを書くのは嫌だな～。

M：あぁ、そうだったな。じゃあ、山にでも行くか？　それとも川がいいか？　川なら水遊びできて涼しいぞ～。それに外でご飯作ったりお肉焼いたり、それなら日記にもいっぱい書けるだろ。どうだ？

F：ご飯作るの楽しそうだね。でも、山も川も虫がいっぱいいるから…。

M：なんだ、ゆうこは虫が怖いのか？　虫ぐらいならお父さんがなんとかしてやるよ。ん～、それともプールがいいか？　プールなら虫はいないぞ。

F：プールは足が地面に着かないからもっと怖いよ。ねぇ、お父さん、川は深くないの？

M：深いところもあるけど、お父さんの近くにいたら大丈夫だよ。

F：じゃあ、そうするよ。

🔊 娘はどこに行くことに決めましたか。
　　1．動物園　　　　　2．プール
　　3．川　　　　　　　4．山

→ 문제 p.52 🎧 52-11 ....

11番　女性二人が話しています。

F1：加藤先輩、この子お母さんを探してるんですけど、どうしましょう。

F2：う～ん、この子に名前と年齢、聞いてみた。

F1：はい、名前は「まさゆき君」で年齢は5歳だそうです。まだ小さいので館内放送をした方がいいと思うんですが…。

F2：そうね、そうしましょ。じゃあ、服装や身長などの特徴をメモして、私にちょうだい。館内放送するから。

F1：はい、わかりました。え～と。身長は…110センチぐらいかしら？　服装は…青色のTシャツに短いパンツ、靴は白の運動靴ね。加藤先輩～、メモが終わりました。これです。よろしくお願いします。

F2：はい。ありがとうね。あれ？　さっきの子のTシャツって青と白のボーダーじゃなかった？　もう一度見てきて。

F1：はい。あっ、先輩の言ったとおりでした。

F2：もう～しっかりしてよ～。

◀ まさゆき君の特徴と同じものはどれですか。

　　1. 身長が115センチぐらい
　　2. 青と白のボーダー柄のTシャツに短いパンツ
　　3. 青のTシャツに短いパンツ
　　4. 青の運動靴

➡ 문제 p.52　🎧 52-12　..

12番　男子学生と女子学生が話しています。

F：小坂君、何見てるの？　アルバイトの情報雑誌じゃない。アルバイトやめたの？

M：いや、アルバイトはまだやめていないけど、他のアルバイトに変えようかと考え中。

F：どうしたの？　何か仕事に不満でもあるの？

M：いや、仕事には不満はないんだけど、朝から夜まで働いても1時間800円だよ。安くない？　夜は特にお客さんが多いし…。

F：そんなもんじゃないの？

M：え〜、でも昼はいいとしても、夜も同じなんだよ。今時コンビニでも夜になると1,000円ぐらいもらえるのにね。せめて夜だけでも1時間1,000円ぐらいにならないかな〜。

F：一度店長に相談してみたら？　店長は怖い人なの？

M：ううん、店長は明るくて話しやすい人なんだけど、忙しいみたいであまり店に来なくてなかなか言えないんだよ。その店、同じクラスの石田のお父さんが店長をしているんだけど…、お店が忙しい日は石田のお兄さんも手伝いにくるんだ。

F：けっこう忙しいのに1時間800円だなんてかわいそう。でもクラスの子の親だと言いにくいわよね。

M：だろー。そこが一番の悩みなんだよね。

F：そういえば、石田君とはあまり仲良くなかったっけ？

M：うん。小学校の時は仲良かったんだけど、中学に入ってから勉強ばかりしてて、話をしても勉強の話ばかりでつまらなくて…。

F：なるほどね。

1．店長が石田君のお兄さんだから

2．店長が石田君のお父さんだから

3．店が忙しくて話す時間がないから

4．中学になってから石田君と仲良くしてないから

→ 문제 p.52　🎧 52-13

13番　男性と女性が話しています。

M：あっ鈴木さん、もう帰るの？　いいな～。僕もたまには早く帰りたいよ～。

F：岡田君は今日も残業なの？　毎日大変ね～。そういえば、昨日、先輩から「早く帰れる方法」を教わったんだけど、気にならない？

M：おぉ！　やるね。教えてくれるの？　どんな方法なの？

F：まず一つ目は、早く帰りたくなるような楽しい予定を入れることだって。例えば飲みに行くとか、デートの予定を入れるとか…。

M：僕も楽しい予定入れたいけど、予定を入れても急に仕事があるときは無理じゃない？

F：そうだねー。じゃあ、仕事の量を軽減するって言うのもあったけど、これはどう？　それか、朝早く来て仕事するのもいいって先輩が言ってたけど。

M：仕事の量を軽減するって言っても、あるものを少なくするのは無理じゃない？　誰かに手伝ってもらわない限り…。あっ、そっか。誰かに手伝ってもらえば、僕の仕事量は少なくなるか。朝早く来るのは僕はいいんだけど、会社がね。

F：じゃあ、誰かに手伝ってもらいなよ。同じ年に入社した田中君とか…。それとも、私と一緒に帰る？　そういう早く帰る仲間を作るのも大事だよ。

M：田中は忙しいから駄目だよ。それにこの仕事は明日までに仕上げないといけないから…。う～ん、それなら、鈴木さんが僕の仕事を手伝ってくれない？

F：そう来たか…。じゃあ、少しだけね。

1．仕事の量を軽減する

2．楽しい予定を入れる

3．朝早く会社に来る

4．早く帰る仲間を作る

14番 先生と女子学生が話しています。

M：岡村さん、悩みって何だ？

F：先生、実は私、将来は医者になりたいんです。医者になるのが子どもの頃からの夢なんですけど、親が反対しているんです。

M：立派な夢なのにね。ところで岡村さんはどうして医者になりたいと思ったの？

F：子どもの頃、大きな病気で入院したことがあるんですが、その時の先生のおかげで今は元気なんです。だから将来は医者になろうと思いました。

M：岡村さんの家はお父様が医者だから反対しているんじゃないかな。

F：それもあるかもしれません。

M：それで岡村さんのご両親が反対する理由は何なの？

F：医者は多くの人を助けることはできるけど、すべての病気を治せるわけではないと父に言われました。それに私は理科や数学が得意ではないので医者になるには難しいんじゃないかとも言われました。どうせなら英語や国語が得意だからその方向に進めばいいんじゃないか？と言われました。

M：う〜ん。理科や数学は勉強が嫌いでなければ、努力すれば何とかなると先生は思うけど…。それに医者になるのも英語は必要だし、岡村さんは英語が得意だから他の人よりは有利だと先生は思うよ。あとは理科や数学をもうすこし頑張ればいいと思うよ。

F：本当ですか？

M：頑張って理科と数学も勉強してね。

F：ありがとうございます。先生のおかげで頑張れそうです。

🔊 先生は女子学生にどんなアドバイスをしましたか。

1. 英語や国語が得意ならその方向に進めばいい
2. 医者には英語が必要だから医者になればいい
3. 英語ができるからあとは理科と数学を勉強すればいい
4. 数学や理科が得意ではないので医者になるには難しい

→ 문제 p.54 🎧 54-01 ···

1番　部長の仕事を手伝い、部長にお礼を言われました。何と言いますか。

　　　1．役に立つんですね。

　　　2．お役に立てて何よりです。

　　　3．役に立ちます。

→ 문제 p.55 🎧 55-02 ···

2番　課長がお昼を食べに外に出ています。課長に電話がかかってきました。何と言いますか。

　　　1．課長の席は空いています。

　　　2．課長は席から下ろされました。

　　　3．課長は席を外しています。

→ 문제 p.55 🎧 55-03 ···

3番　雨が降っているのに傘がありません。ある人が自分の傘に入れて一緒に駅まで行ってくれました。何と言いますか。

　　　1．いやー、本当に助かりました。

　　　2．いやー、本当に助かるとは思っていませんでした。

　　　3．いやー、本当に助かってしまいました。

→ 문제 p.56 🎧 56-04 ···

4番　知人の家に遊びに行きました。夜、帰りの電車がなくなり、知人が自分の家に泊まっていくように言ってくれました。何と言いますか。

　　　1．じゃあ、お言葉に甘えさせてもらおうかな。

　　　2．じゃあ、お言葉に賛成してみようかな。

　　　3．じゃあ、お言葉に乗せられてみようかな。

➜ 문제 p.56 🎧 56-05

5番 友達の家に来て奥さんにお茶を出してもらいました。何と言いますか。

1．どうぞ、よろしかったら。

2．どうぞ、熱いうちに。

3．どうぞ、おかまいなく。

➜ 문제 p.57 🎧 57-06

6番 お客さんが店に入ってきました。何と言いますか。

1．いらっしゃいませ、何名様ですか？

2．ありがとうございました。何名様ですか？

3．いかがですか。何名様ですか。

➜ 문제 p.57 🎧 57-07

7番 山田さんから、風邪をひいたので会社を休むと部長に伝えてくださいと電話をもらいました。何と言いますか。

1．伝えておきます。お大事に。

2．うつしておきます。お大事に。

3．伝わるかどうか。お大事に。

➜ 문제 p.58 🎧 58-08

8番 前に会ったことのある人がいます。何と言いますか。

1．失礼ですね、前に一度お会いしたことありませんか？

2．失礼ですが、前に一度お会いしたことありませんか？

3．失礼ですか？前に一度お会いしたことありませんか？

➜ 문제 p.58 🎧 58-09

9番 隣の田中さんからリンゴをもらいました。何と言いますか。

　　1．それでも、いただきます。

　　2．それじゃあ、遠慮なくいただきます。

　　3．それしか、いただけませんので。

➜ 문제 p.59 🎧 59-10

10番 家に遊びに来た友達が帰ります。何と言いますか。

　　1．気をつけて帰ってね。

　　2．気をつけして帰ってね。

　　3．気がついたら帰ってね。

➜ 문제 p.59 🎧 59-11

11番 お土産にもらったお菓子を部長にも渡そうと思います。何と言いますか。

　　1．部長もよろしくお願いします。

　　2．よかったですが、部長のぶんです。

　　3．よろしければ、部長もいかがですか？

➜ 문제 p.60 🎧 60-12

12番 レストランで席に座りましたが、メニューがありません。何と言いますか。

　　1．メニューをお願いします。

　　2．メニューをいただきますか。

　　3．メニューしかありません。

➜ 문제 p.60 🎧 60-13

13番 弁当に嫌いな食べ物が入っていました。何と言いますか。

1. 僕、これ逆手なんだよ。
2. 僕、これ苦手なんだよ。
3. 僕、これから手なんだよ。

➜ 문제 p.61 🎧 61-14

14番 遅くなったので送ってもらい、家の近くまで来ました。何と言いますか。

1. ここで大丈夫です。もうすぐそこですから。
2. ここで大丈夫です。もうかなりありますから。
3. ここで大丈夫です。もう近いですか？

➜ 문제 p.61 🎧 61-15

15番 注射を打ちました。打たれた人は今日はお風呂に入ってはいけません。何と言いますか。

1. 今日は、お風呂はあちらになります。
2. 今日は、お風呂は入りません。
3. 今日は、お風呂はひかえてください。

→ 문제 p.62 🎧 62-01~30

1番　M：あれっ、もしかして髪の毛切った？　　🎧 62-01

　　　F：1．うん、切ったけど、怪我はしなかった。
　　　　　2．確か切ったんじゃない。
　　　　　3．いつの話してるの？

2番　F：もう、一人で飲んでたなら連絡くれれば良かったのに。　　🎧 62-02

　　　M：1．忙しいと思って遠慮しておいたんだ。
　　　　　2．え？何をくれるって？
　　　　　3．今飲んでる薬、苦くてまずいよ。

3番　F：あの子さ、意外と裏表があるから気をつけなよ。　　🎧 62-03

　　　M：1．えー、そんなことあるわけないじゃん。
　　　　　2．今、先生が説明してるのはどっち？
　　　　　3．どっちが裏でどっちが表なの？

4番　M：最後に会ってから何年ぶりだろうね。　　🎧 62-04

　　　F：1．んー、二十歳かしら。
　　　　　2．んー、6年は経ったのかしら。
　　　　　3．んー、もう九つになるかしら。

5番　F：すみません、アイスレモンティーをください。　　🎧 62-05

　　　M：1．レモンとミルク、どちらになさいますか？
　　　　　2．アイスとホット、どちらになさいますか？
　　　　　3．シロップはどうなさいますか？

6番　M：これ、コピーお願いね。　　🎧 62-06

　　　F：1．何枚ですか？
　　　　　2．何杯ですか？
　　　　　3．何本ですか？

7番　F：もしもし、優子さんいらっしゃいますか？　　🎧 62-07

　　　M：1．失礼ですが、どちら様ですか？

　　　　　2．いらっしゃるけど、だれですか？

　　　　　3．失礼なんだけど、どの人？

8番　M：新しく入ってきた社員は一から十まで教えなきゃいけないから疲れるよ。

　　　F：1．あら、あなたいつ教員免許取ったの？　　🎧 62-08

　　　　　2．販売の仕事なのに数字も分からないなんて。

　　　　　3．一教えて十できなくても五ぐらいはできてほしいわね。

9番　F：ねぇ、さっき先生なんて言ったの？　　🎧 62-09

　　　M：1．もう、先生の名前くらい覚えなよ。

　　　　　2．明日の授業は休みだってさ。

　　　　　3．えっ、先生の話なんかしてないよ。

10番　F：今日は雨降るかな？　　🎧 62-10

　　　M：1．夕方から雨が降られます。

　　　　　2．うん、傘忘れず、持って行って。

　　　　　3．そうか、残念だ。

11番　M：あの、どちらさまですか？　　🎧 62-11

　　　F：1．お疲れ様です。

　　　　　2．おかげさまです。

　　　　　3．隣の山田です。

12番　F：明日のコンサートは何時からですか？　　🎧 62-12

　　　M：1．夜の8時からですよ。

　　　　　2．昨日は3時でした。

　　　　　3．ソマソマのコンサートですよ。

13番　M：僕のプリンは妹にあげるよ。　　　　　　　　　　　62-13

　　　F：1．君は本当に野菜だね。

　　　　　2．君は本当に優しいのね。

　　　　　3．君は本当に食べるのね。

14番　F：明日から練習しなさい。　　　　　　　　　　　　62-14

　　　M：1．はい、練習します。

　　　　　2．はい、練習させます。

　　　　　3．はい、練習見ます。

15番　M：宿題もう終わった？　　　　　　　　　　　　　　62-15

　　　F：1．もう終わってないよ。

　　　　　2．そろそろ終わったよ。

　　　　　3．まだ終わってないよ。

16番　F：やっとクラスで1番になれたよ。　　　　　　　　62-16

　　　M：1．おめでとう、良かったね。

　　　　　2．1番の次は2番だね。

　　　　　3．ありがとう、あなたのおかげだね。

17番　F：その人は誰？　あなたと仲よさそうだけど…。　　62-17

　　　M：1．僕の猫です。

　　　　　2．僕の彼女です。

　　　　　3．僕の想像です。

18番　F：次の方、どうぞお入りください。　　　　　　　　62-18

　　　M：1．はい、失礼します。

　　　　　2．はい、失礼ですね。

　　　　　3．1万円入ります。

19番　M：図書館ではジュースを飲まないようにしてください。　　62-19

　　　　F：1．すみません。気をくっつけます。

　　　　　　2．すみません。気を送ります。

　　　　　　3．すみません。気をつけます。

20番　F：ご注文はお決まりでしょうか。　　62-20

　　　　M：1．これで決まりです。

　　　　　　2．トンカツ定食2つください。

　　　　　　3．全部でいくらですか？

21番　M：僕の財布が急になくなったんです。　　62-21

　　　　F：1．誰がいなくなったんですか？
　　　　　　2．一緒に探しましょうか？
　　　　　　3．間違えて食べたんでしょ。

22番　F：英語の本を忘れました。　　62-22

　　　　M：1．それなら私を貸してあげるよ。

　　　　　　2．それなら私が貸してあげるよ。

　　　　　　3．それなら私が貸してくれるよ。

23番　M：これ、本当に全部食べられるかな？　　62-23

　　　　F：1．無理に全部食べるとおもしろい。

　　　　　　2．無理に全部食べてみた。

　　　　　　3．無理に全部食べなくてもいいよ。

24番　F：今週の日曜日、一緒にプールに行かない？　　62-24

　　　　M：1．いいね、プールだね。

　　　　　　2．いいね、一緒に行こう。

　　　　　　3．いいね、プールもって行かなくちゃ。

25番　M：明日何曜日だっけ？　　　　　　　　　　　　　　　　　　62-25

　　　F：1．水曜日だよ〜。

　　　　2．そうなんだ、おめでとう。

　　　　3．よし、日曜日は出かけるぞ。

26番　F：今から掃除するから手伝って。　　　　　　　　　　　　　62-26

　　　M：1．掃除機に手伝ってもらったら？

　　　　2．嫌だよ〜、掃除嫌いだから。

　　　　3．明日も掃除するからね。

27番　F：これを書いたのは誰？　　　　　　　　　　　　　　　　　62-27

　　　M：1．犬を書きました。

　　　　2．僕が書きました。

　　　　3．お父さんが来ました。

28番　M：その服、可愛いね、どこで買ったの？　　　　　　　　　62-28

　　　F：1．これ？　3,000円でしたよ。

　　　　2．昨日、友達と買いに行きましたよ。

　　　　3．仕事の帰りにデパートで買いました。

29番　M：髪の毛はどのぐらい切りますか？　　　　　　　　　　　62-29

　　　F：1．5センチぐらい切ってもらえますか？

　　　　2．7日間伸ばします。

　　　　3．30ページ分切ってください。

30番　M：日本語が難しいので教えてもらえませんか？　　　　　　62-30

　　　F：1．教えてもらえませんね。

　　　　2．私は教えてもらうほうが好きだ。

　　　　3．いいですよ〜、教えましょう。

→ 문제 p.66 🎧 66-01 ....

1番　男の人と女の人が歩きながら話しています。二人はどこで食べますか。

M：ちょっと、たくさん歩いて疲れたね。夕飯もだいぶ遅くなっちゃった。どこか入って休もうか？

F：家まであと少しじゃない。疲れたなら少しそこの公園で休んで、食事は家でいいんじゃない。

M：えー、確か家に食べ物ってリンゴくらいしかなかったよ。今から買い物に行くんじゃ遅いし。

F：そうね。それなら、あそこに見える2階の和食レストランはどう？

M：あ、電気が消え始めた。残念だけど閉店の時間みたいだ。

F：あら。うーん…それじゃ、あそこのコーヒーショップがいいんじゃない？　24時間開いてるみたいだし、パンとかケーキも食べられるんじゃない？

M：美味しそうだけど、タバコの席、分かれてない店だよ。君、タバコ、駄目でしょう。

F：ええ、そうね。こういう時、どこか適当なお店を探すのも大変ね。

M：あ！　そうだ、忘れてたけど、かばんにお弁当があるんじゃない。昼に食べるつもりで食べなかったのが。

F：あらやだ、ほんと。よかったわ、お店に入らなくて。じゃあ、そこの公園でいいわね。

🔊 二人はどこで食べますか。

→ 문제 p.66 🎧 66-02 ....

2番　女の人が学校の人と話しています。女の人は次にどうしますか。

M：あの、ちょっと、失礼ですが、学校の関係者の方ですか？　もう受付、済まされましたか？

F：あ、ここの卒業生なんですけど。

M：そうなんですか。先生か誰かに会いに来られたんですか。じゃあ、お名前と、入った時間…ですから12時10分ですね。それからその隣はいらっしゃった理由を記入してください。… はい、結構ですよ。ああ、書類の申請でいらっしゃったんですね。

F：今度カナダに留学するので、高校の卒業証明書が必要なんです。事務室は開いてますか？

M：あー、開いてるけど、あと10分でお昼休みになっちゃうから急いだ方がいいですよ。

F：ええ、ありがとうございます。今から行きます。

M：あ、ちょっと！ 後で学校を出るときも、ここに出る時間を記入して行くの、忘れないでください。

F：わかりましたー！ でもお昼休み挟んでお世話になった先生にちょっと挨拶して行くので多分3時間後くらいになると思います。じゃ、行ってきます。

🔊 女の人は次にどうしますか。

➡ 문제 p.67 🎧 67-03 ....

3番 女の子がおばあさんと話しています。女の子は次に何をしなければなりませんか。

F1：由紀ちゃん、じゃあ、おばあちゃんがさっき説明したとおりに作れるかな？ もうお米は炊いてあるね。

F2：うん！ 言われたとおり水をほんのちょっとだけ少なくして炊いたよ。

F1：そう、美味しそうだね。じゃあ、次は何をするんだっけ。

F2：別のお皿に移さないと、ご飯が熱くて握れないから冷ますんですよね。次は…おばあちゃん塩とってもらっていい？

F1：はい。

F2：あ…塩はどうするんだっけ、ご飯の上に振るんだっけ、手につけるんだっけ。

F1：握る前に指先から手のひらまで全体に塩をつけるんだよ。ご飯じゃなくて。それから由紀ちゃん、一つ飛ばしたよ。

F2：えっ？ そうだっけ？

F1：塩の前に、まず水を用意しなきゃ。

F2：あーそうだった！ ご飯がくっつかないように手を水で濡らすんだった。まとめると水を用意して、塩を手につけて、握って、海苔でまく。そうでしょ？

F1：うん、正しいよ。じゃあ、ご飯を冷ました後のところからやり直してごらん。

🔊 女の子は次に何をしなければなりませんか。

→ 문제 p.67 🎧 67-04

4番 男の人と女の人が話しています。男の人が最初にしなければならないことは何ですか。

M：まだ会社には何も言ってないんだけど、休みをとって5日くらい国内旅行しようかと思って。

F：休みはとれそうなの？

M：うーん、僕が休むところを誰か代わりに働けるなら。何人か心あたりはあるんだけど。

F：そうなんだ。上手く休みがとれるといいわね。ところで今の時期、飛行機とかホテルとか混んでないの？

M：んー、ホテルは調べてみたらそんなに混んでなかったんだ。それに飛行機じゃなくて景色を見たいから電車とバスでゆっくり行くよ。あ〜、温泉つきのホテルで美味しい食事をして心も体も休めてすっきり！ いいでしょう。

F：想像するのはいいけど、まず休みをとってからにしなさいよ。

🔊 男の人が最初にしなければならないことは何ですか。

→ 문제 p.68 🎧 68-05

5番 息子とお母さんが話しています。息子はこの後一番最初に何をしますか。

M：お母さん、ただいま〜。あー疲れた！ 旅行っていいんだけど荷物がね。

F：おかえり〜。お疲れ様。ほら、そこに座って。はい、冷たいお茶。旅行、楽しかった？

M：うん、色々あったけど、それもいい経験だから。あ〜、おなか空いた。

F：久しぶりの日本だから和食がいいだろうと思って、もう作ってあるよ。今すぐ食べる？ それとも先にお風呂にする？

M：んー、後でやると面倒だから先に荷物整理するよ。ご飯は後で。あー、でもなー、やっぱりおなか空いてるし、今すぐ食べようかな。

F：じゃ、今準備するから、その間におばあちゃんに電話して日本に戻ったこと、伝えなさい。心配してたわよ。

M：うん、分かった。あ！ 何度もごめん、電話したら先にお風呂にする。ご飯食べたら寝ちゃいそうだから。

F：分かったわ。じゃあ、お風呂から出たら声かけてね。

🔊 息子はこの後一番最初に何をしますか。

6番 男の人と女の人が話しています。女の人は日曜日、何をしますか。

M：ねえ、今度の日曜日、僕と前田と智子ちゃんの3人で北海道に行こうかって話してるんだけど、美子ちゃんも行かない？ 確か美子ちゃん、その次の日休みでしょう？

F：北海道？ 何しに行くの？

M：スキー。他の二人も月曜日は休みっていうからさ。向こうには1日しかいられないけど。どう？

F：ってことは日曜に行って月曜に帰ってくるんでしょう？

M：あれっ、北海道、気に入らない？ じゃ、別のところに行く？

F：ううん、そうじゃなくて、私、日曜日英語の試験があって、それが終わるのが夕方の6時なの。その後で北海道に行っても疲れてスキーなんかできないし、1日もいられないからもったいないわ。

M：あっ、そうなんだ。

F：それに、他の二人とは月曜日の朝に一緒に映画を見に行く約束してたんだけど、二人は何て？

M：うーん、北海道に行くって言ってたけど。

F：じゃあ、月曜の映画はなしね。ま、映画はまたいつでも行けるから、二人によろしくね。あ～、映画がないんだったら私、久々に部屋の大掃除でもしようかしら。

🔊 女の人は日曜日、何をしますか。

→ 문제 p.69 🎧 69-01 ....

1番　男子学生と女子学生が教室で話しています。女子学生が図書館で勉強しないのはなぜですか。

M：あ、夏海ちゃん。まだ教室にいたんだ。これから別の授業があるの？

F：ううん、そうじゃないけど。

M：えっ？　じゃあ、どうして一人で残ってるの？　誰か待ってる？

F：ううん。試験の勉強してたの。

M：試験の勉強？　だったら図書館に行こうよ。僕も今から行くんだけど一緒にどう？

F：遠慮しておくわ。図書館って、静かなんだかうるさいんだか、落ち着かないの。静かにしなきゃいけない場所でしょ。だから皆小声でしゃべるけど、かえってそれが気になって勉強に集中できないのよね…、私。

M：あー、言われてみれば、なんか分かる気がする。じゃ、僕もこれから家に帰って勉強するよ。お互い頑張ろうね。また明日。

🔊 女子学生が図書館で勉強しないのはなぜですか。

→ 문제 p.69 🎧 69-02 ....

2番　女の人と男の人がレストランで話しています。女の人はなぜハンバーグを残していますか。

M：あれっ、ハンバーグ、残してる。食べないの？　ハンバーグ、好きじゃなかったっけ？

F：うん、好きだよ。

M：そうでしょ？　好きだと思って、彩が来る前に頼んでおいたんだけど。あっ！　分かった。好きなものは残しておいて最後に食べる人？

F：ううん。私は好きなものは最初に食べるわ。

M：じゃあ、なんで？　もしかして昨日の夕飯、家でハンバーグだったとか。

F：違う、違う。それがね、三日前くらいに別のところでハンバーグを食べたんだけど、その後、おなか壊しちゃって…。結構ひどかったから、心配でしばらくハンバーグは食べたくないの。

🔊 女の人はなぜハンバーグを残していますか。

→ 문제 p.70 🎧 70-03

3番 花屋の人が話しています。お見舞いに花を贈る時、最初に気をつけることは何ですか。

M：まず、一番大切なのは最初に病院に飾っていいか、花が置けるかを確認することです。受け付けない病院もありますので。それから、色が赤、白、青の花、それから下を向いている花は贈ってはいけません。ただし、最近はこういった花でも入院されている方が好きなのであれば贈ってもいいことになっています。大部屋の場合は本人が大丈夫でも他の人が具合が悪くなる場合があるので、匂いの強い花は贈らないようにしましょう。花の色はピンクや黄色といったような、暖かみのある、色が明るくて元気な印象を与えるのでいいと思います。ご自分で選ぶのに迷ったら私どもに任せていただくのがいいです。お見舞い用と伝えていただければ、駄目なものを避けてお作りします。

🔊 見舞いに花を贈る時、最初に気をつけることは何ですか。

→ 문제 p.70 🎧 70-04

4番 お母さんと娘が話しています。パン屋さんが人気である一番の理由は何ですか。

F1：お母さん、またパンこんなに買ってきちゃって…、3人なんだからもう少し少なくてもいいのに。

F2：あら、全部買ったわけじゃないのよ。お店のおじさんが3つサービスしてくれたの。

F1：3つも？ 嘘でしょう。いくらよく買いに行くからって。

F2：嘘じゃないわよ。美味しい、安いってだけだったらパン屋なんていくらでもあるじゃない？ やっぱりねー、あそこはサービスが他とは違うわよ。雑誌にも載ってたしね。

F1：私もその雑誌、見たけど、あそこはサービスの良さじゃなくて種類の多さで人気なのよ。私がこの前、買いに行ったときは一つもサービスしてくれなかったし。お母さんだけでしょ、サービスしてくれるの。

F2：あら、だってお母さん、あそこのおじさんと仲いいもの。あそこ、いつも人気で混んでるけど、他の人にわからないようにサービスしてくれるの。お母さんにとっては美味しい、安い、種類が多い、サービスがいい、もう最高のパン屋さんよ。

🔊 パン屋さんが人気である一番の理由は何ですか。

➜ 문제 p.71 🎧 71-05

5番　女の子と男の子が話しています。今日、女の子はなぜ元気がないのですか。

M：相田さん、今日元気ないね。どうしたの？

F：はぁ…。昨日残念なことがあったの。

M：何？

F：私のお気に入りのセーター、本当は今日学校に着てこようと思ってたのに、朝、見つからないのよ。で、母に聞いてみたら私に内緒で妹が昨日着ちゃったらしいの。

M：あ〜そうなんだ。僕の姉と妹も、よくそんなことで喧嘩してるよ。うちなんて、母親までお互いの洋服着るよ。

F：え？　お母さんまで？　とにかく、内緒で着るのも困るけど、でもそれは別にいいの。問題はね、妹がセーターを洗濯機に入れちゃったことなのよ。本当ならクリーニングに出さなきゃいけないじゃない。

M：もしかして、セーター、小さくて着られなくなっちゃったんじゃない？

F：当たり…。あ〜あ、もう同じものは手に入らないと思うと悲しくて仕方ないわ。

🔊 今日、女の子はなぜ元気がないのですか。

➜ 문제 p.71 🎧 71-06

6番　お母さんと息子が息子の家で話しています。なぜ二人はしばらく連絡が取れなかったのですか。

M：あれっ。母さん、どうしたの。何か用事？

F：どうしたのじゃないわよ。あんた、いくら電話しても出ないから何かあったかと思って、心配になって来たんじゃない。

M：え？　電話なんてかかってきてないよ。母さん、番号、間違えてるんじゃないの？　そういえば最近電話、鳴らないなぁ。しばらく電話代払ってなくて止められてたけど、今は大丈夫なはずなんだけどなぁ。

F：もう、電話代くらいお母さん出すから、止められるくらいなら知らせなさいよ。

M：ちょっと待って…、あ！ 受話器が外れてる。あー、だからか。ずっと気づかなかった。

F：ただでさえ連絡が取りにくいのに、またこんなことがあったら困るじゃない。だからいつも早く携帯電話にしなさいって言ってるのに…。あんた、若いのによく携帯電話無しで生活できてるわね。

🔊 なぜ二人はしばらく連絡が取れなかったのですか。

➜ 문제 p.72 🎧 72-01 ....

1番　夫婦が電話で話しています。

　F：もしもし、あなた、今どこ？　もう家を出なきゃ7時の電車に間に合わないんだけど。
　　　一緒に出ようって言ってたじゃない。

　M：ごめん、まだ30分以上かかるよ。相手の会社の担当が帰る前に食べていけってしつこ
　　　くて。やっと今別れて、バスを見送ったところ。今から家に帰ってたら完全に飛行機に
　　　乗り遅れるなぁ。

　F：えー！　こういうことになると思ったから、今日仕事して欲しくなかったのに。あー、
　　　もうとにかくどうする？

　M：じゃあ、僕は直接このまま空港に向かうから、悪いけど僕の荷物も積んで、電車じゃな
　　　くてタクシーで空港まで行ってくれ。空港の入り口で会おう。

　F：あなた、車じゃないの。車はどうするの？

　M：車は空港に駐車場があるから、旅行中おいておけるよ。お金はかかるけど。

　F：はぁ…、初日から大騒ぎだわ。じゃあ、後でね。

🔊 二人はもともと何で空港に向かう予定でしたか。
　　　1．電車　　　　　　　　　2．バス
　　　3．家の車　　　　　　　　4．タクシー

➜ 문제 p.72 🎧 72-02 ....

2番　お母さんと息子がが話しています。

　F：あらっ、亮、さっき学校に行ったばかりじゃない。何か忘れ物？

　M：ううん。学校に行ったけど、今日は授業ないんだって。だから帰ってきた。

　F：何それ。本当なの？　授業が嫌で嘘ついてるんじゃないの？

M：と、思うでしょ？　今日は違うんだなぁ、これが。お母さん、今風邪が流行ってるの知らない？　それで先週他の学年も休みになったりしてたんだよ。

F：で？　今日行ったら、あんたのクラスも風邪で欠席者が多かったの？

M：うん、25人中14人休みだった。いやー、友達には悪いけど学校に行かなくていいから嬉しいな。明後日まで休みだって。

F：あんたは？　熱なかったの？　大丈夫？

M：うん。

🔊 息子がすぐに学校から帰ってきた理由は何ですか。

    1. 忘れ物をしたから
    2. 授業が嫌だから
    3. 授業が無くなったから
    4. 男の子が熱を出したから

→ 문제 p.72　🎧 72-03　...

3番　夫婦が話しています。

F：ねぇ、あなた。香に何か習わせようと思うんだけど、どう？

M：ああ、いいんじゃない。会社の部長のところの娘さんはスケート習ってるらしいよ。

F：スケートね…、スキーもスケートも私が子供の頃は学校で教えてくれたけど、今じゃお金を払って習うのね。

M：あぁ、あと学校は書道の時間、あったよな。今もあるのかな。もしないなら書道もいいんじゃないか。一時、教室も少なくなったけど、今、また注目を浴びてるらしいよ、雑誌にそういう記事が載ってた。

F：私は実は水泳がいいと思ってるの。健康にもいいし、泳げれば自分の身も守れるでしょう。

M：そうだな。知り合いの息子さん、体が弱かったんだけど、水泳教室に通いだしてから風邪を引かなくなったって。香が帰ってきたら話してみるか。

🔊 夫婦は何を習うことを娘に提案しますか。

    1. スケート　　　　　　　　2. スキー
    3. 書道　　　　　　　　　　4. 水泳

→ 문제 p.73 🎧 73-01

1番 知人の家に招待されました。家に入るとき、何と言いますか。

　　1. お邪魔しました。

　　2. お邪魔します。

　　3. お邪魔するんですが。

→ 문제 p.73 🎧 73-02

2番 レストランにいます。頼んでいない料理が運ばれてきました。店員に何と言いますか。

　　1. これ、頼んでないですよ。

　　2. これ、頼んだと思いますか。

　　3. これ、頼んだはずです。

→ 문제 p.74 🎧 74-03

3番 知人と会う約束をしました。自分が30分、約束の時間に遅れてしまいました。何と言いますか。

　　1. お待たせしましたか。

　　2. お待たせしてごめんなさい。

　　3. お待ちいただかなくても良かったのに。

→ 문제 p.74 🎧 74-04

4番 重い荷物を持っています。知らない人が階段を上る時、手伝ってくれました。何と言いますか。

　　1. 手伝ったのでありがとうございました。

　　2. 手伝ってあげてありがとうございました。

　　3. 手伝ってくださってありがとうございました。

→ 문제 p.75 🎧 75-01~09 ··

1番　M：素敵なお家にお住まいですね。　　　　　　　　　🎧 75-01

　　　F：1. えっ、そうですよね。

　　　　2. いえいえ、そんなことありますよ。

　　　　3. ありがとうございます。

2番　F：ねえ、徹君って、何人兄弟なの？　　　　　　　🎧 75-02

　　　M：1. 3人兄弟。
　　　　2. 5人家族。
　　　　3. 1匹。

3番　F：この新しい靴、どう、似合う？　　　　　　　　🎧 75-03

　　　M：1. 間に合わないや！

　　　　2. うーん、いいんじゃない？

　　　　3. 新しければいいってもんじゃないよ。

4番　M：昨日食べに行ったステーキ屋、味が最高だったよ！　🎧 75-04

　　　F：1. 昨日、行ったお店、味はどうだった？
　　　　2. 確かに、他じゃ食べられないケーキだったね。
　　　　3. 今度私も連れて行ってよ。

5番　F：明日、地震が起きたらどうしよう。　　　　　　🎧 75-05

　　　M：1. 本当に大変だったよね。

　　　　2. また寝ればいいじゃない。

　　　　3. 心配しても仕方ないじゃない。

6番　M：ねぇねぇ、あそこにいる人、なんていう名前だっけ。　　　　🎧 75-06

　　　F：1.鈴木さんじゃなかったっけ？

　　　　　2.鈴木さんが言ってたよ。

　　　　　3.鈴木さんに教えてもらったよ。

7番　F：今、急に雨が降ってきたけど、濡れなかった？　　　　　🎧 75-07

　　　M：1.えっ、どうして？

　　　　　2.うん、なんとか大丈夫だった。

　　　　　3.うん、降ってきたよ。

8番　M：ねえ、食事いつが都合がいい？　　　　　　　　　　　　🎧 75-08

　　　F：1.木曜か金曜の夜なら空いてるよ。

　　　　　2.美味しければ、なんでもいいよ。

　　　　　3.そうね、どこで待ち合わせしようか。

9番　F：ねぇ、イギリスへ行ったことある？　　　　　　　　　　🎧 75-09

　　　M：1.そういえばそうだね。

　　　　　2.そんな話は聞いたこともないよ。

　　　　　3.残念ながら一度も。

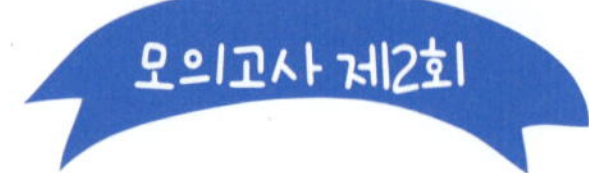

問題1

→ 문제 p.78 🎧 78-01 ··

1番 男の人と女の人がこれから買い物に行きます。男の人が初めに行く場所はどこですか。

M：ちょっと、スーパーに行く前に本屋に寄ってくれないかな。今日発売の雑誌、買いたいんだけど。

F：えー、本屋は最後がいいんじゃない？ 荷物になるんだから先にスーパーへ行きましょうよ。どうせ帰る途中じゃない。スーパーに行って、八百屋、本屋でどう？

M：今、何時？

F：え？ 8時10分前だけど。

M：じゃあ、先にスーパーに行っててくれない？ 本屋、8時までなんだよ。

F：あ、そうなの？ 分かったわ。あっ、それなら本屋のついでに隣のクリーニング屋さんで服を取ってきてくれない？ そして、スーパーで会いましょう。その後二人で八百屋に行けばいいわね。

M：分かった。じゃあ、後で。

🔊 男の人が初めに行く場所はどこですか。

→ 문제 p.78 🎧 78-02 ··

2番 女の人と図書館の係りが話しています。女の人は本を読むためにこれからどうしますか。

F：すみません、「黒い森」という本を借りたいんですが、棚になかったので…。

M：ちょっと待ってくださいね。探してみます。あ、ありますが、今貸し出し中ですね。

F：その本、いつ戻ってきますか？

M：ええと…、一昨日貸し出したばかりなので、約2週間後ですね。

F：あ、そうなんですか。学校の宿題で明後日までにその本を読まないといけないんです。まぁ、しょうがないので自分で買います。ありがとうございました。

M：あ、ちょっと！　近くの図書館になら同じ本があるみたいですよ。今日、この用紙に記入してくだされば、明日その図書館からここに届けてもらうことができますよ。どうしますか。

F：本当ですか？　あ、でも明日になると読む時間があまりないので、できれば今日中に手に入れたいです。

M：直接ご自分で行かれるなら、そこまでの地図を描きますよ。

F：お願いします。

🔊 女の人は本を読むためにこれからどうしますか。

→ 문제 p.79　🎧 79-03

3番　旅行会社で店員と客が話しています。この後すぐ、客は何をしますか。

M：あ、沢村さん、こんにちは。先日は、アメリカ旅行についてご質問いただいてありがとうございました。今日はどうされたんですか？

F：友達と相談して、申し込みすることにしました。あと私、海外旅行が初めてなので、スーツケースについて相談したいんですけど。

M：ありがとうございます。それではまず、申込書を書いていただいてもいいですか？

F：この前、一応申込書くれたじゃないですか。書いてきました。これは私の分で、こっちは友達の分です。

M：ありがとうございます。助かります。お友達の申込書ですが、パスポートのコピーがありませんね。それから旅行中の万が一の時の連絡先が書いてありませんが、沢村さん、分かりますか？

F：パスポートは今、申請中なんですよ。明後日にはできるって言ってました。連絡先は分からないので、今電話で聞いてみますね。

M：そうですか。そしたら、私は沢村さんがお友達とお話なさってる間に、スーツケースに関する資料を用意しておきますね。

🔊 この後すぐ、客は何をしますか。

4番 男の人と女の人が映画館で話しています。二人はこれから何をしますか。

M：ねえ、僕たちが観たい映画、次の回はいっぱいだって。

F：ええ?! じゃあ、すぐに観られないのね。その次の回だと何時?

M：16時30分開始。

F：2時間以上もあるわね。どうする? 何もしないで家に帰るのもなんだか悔しいし、かといって2時間も待つなんて…。

M：うーん、買い物でもする? どうせ同じ建物なんだし。

F：それもそうね。家の食料品もなくなってきてたし、ちょうどいいわ。

M：僕は他の映画を観ても構わないけど、君が面白くないって言うだろうと思ってさ。

🔊 二人はこれから何をしますか。

5番 先生と生徒が話しています。生徒は今日、授業の後何をしますか。

M：先生、今日、少し早く帰らせてください。病院に行かなければいけなくて。

F：分かりました。斉藤君はいつも、授業の後、何をして過ごしてるの? 今日だけじゃなくていつも授業が終わると教室から飛び出して行くけど、忙しいの?

M：普段は、学校が終わったら、アルバイトにすぐ行かなくちゃいけないんで、あまり時間がなくて。

F：アルバイト、大変そうね。お昼はいつ食べるの?

M：アルバイトに行く途中で買って、バスの中で食べるんです。

F：先生、宿題をたくさん出す方だし、勉強とアルバイトの両方をきちんとやるって大変でしょう?

M：あー、確かにちょっときついですけど、アルバイトは自分が好きでやってるんで仕方ないです。でもアルバイトの後に宿題やるから、疲れててなかなか頭に入らないんですよね。

F：だからなのね、斉藤君は授業中はよくできるのに宿題は間違いが多いのよ。アルバイト、できるなら少し減らしてゆっくり宿題をする時間を作ってみたら?

M：はい、考えてみます。あ、先生、じゃあ、すみませんけど、僕、後で授業早めに抜ける
ので、よろしくお願いします。

→ 문제 p.80 🎧 80-06 ....

6番　空港で客が係員と話しています。この客は、何時までに出発ゲートに集まらなければ
いけませんか。

M：すみません、私が乗る便の時間変更があったようなんですけど、トイレにいてよく聞こ
えなかったんです。何時までに出発ゲートに行けばいいんですか？
F：お客様のチケットを見せていただいてもよろしいですか？　ＪＪＩの８便、札幌行き
でございますね。少々お待ちください。もともとの出発予定時刻は15時だったんです
ね。
M：はい。40分前までに出発ゲートに、と言われたので少し早めに14時に空港に来たん
ですけど。今、もう14時20分じゃないですか。大丈夫ですか？
F：お調べしたところ、お客様がご利用になる飛行機の到着が30分遅れているようです。
ですので最新の出発予定時刻は15時30分となっておりまして、そこまで急がれなく
ても大丈夫ですよ。14時50分までにＡ－15番ゲートにお集まりください。
M：あ、じゃあ、後30分はあるってことですね。良かった。ありがとうございました。

→ 문제 p.81 🎧 81-01 ··

1番 男の人と女の人が話しています。女の人が男の人にメールの返事を送っていない理由は何ですか。

M：みゆきさん、僕、一ヶ月くらい前にみゆきさんにメールを送ったんですけど、ちゃんと届いてますか？

F：え？ メール？ 圭介君から？ もらったっけ？

M：ほら、先月皆で登山したじゃないですか、その時一緒に撮った写真をメールで送ったはずなんですけど。

F：あー！ あれ、もらった、もらった。届いてるわ。返事、しなくてごめんね。すぐに返事送ればよかったんだけど、メールを見た次の日にパソコンが壊れちゃって。まだ直してないの。

M：ああ、届いてるならいいんです。もしかしてメールアドレスが間違ってたのかと思って。それに、みゆきさん忙しいじゃないですか。なかなか返信できないのかもって思ってました。

F：ううん、私、忙しくてもなるべく返事はすぐ出すようにしてるの。今回、パソコンが壊れて不便だけど、パソコンがあるとどうしても長時間やってしまうから、それを考えたら今は目が疲れなくていいわよ。

🔊 女の人が男の人にメールの返事を送っていない理由は何ですか。

→ 문제 p.81 🎧 81-02 ··

2番 女の人が道でインタビューに答えています。女の人が美容室を選ぶ基準は何ですか。

M：あなたは美容室をどういった基準で選びますか？ だいたい、女性は誰でも知っていそうな有名なお店を選ぶそうですが、あなたもそうですか？

F：うーん…、前は雑誌で有名なお店に行ってたんですけど、今は家の近所の美容室ですね。

M：美容室を変えた理由は何ですか？ 近いからですか？ 安いから？

F：私、髪を切ってもらっている時はなるべく一人で静かに雑誌を読みたいんですけど、前に通っていたところは、どんどん話しかけてくるんですよね。なんだか落ち着かなくて。

M：へえー、そうなんですね。じゃあ、たまたま落ち着ける店が近所にあったっていうことなんですね。

F：はい。技術とか価格は前のところとは変わらない気がします。

🔊 女の人が美容室を選ぶ基準は何ですか。

→ 문제 p.82 🎧 82-03

3番　男の人と女の人が電話で話しています。男の人が担当者と話せなかったのはどうしてですか。

F：お電話ありがとうございます。ＡＢＣ旅行会社でございます。

M：もしもし、吉田守と言いますが、担当の足立さんお願いします。

F：足立ですか？ 吉田様、申し訳ありませんが、足立はおりません。

M：あ、今もしかしてお昼で外に出られていますか？ だったら後でまたかけ直します。

F：吉田様、足立なんですが、出張に出ておりまして、戻りが来週になります。

M：あの、足立さんに旅行に関して質問してたんですけど、その回答を今日もらえることになってたんですよ。でも、なかなか連絡が来ないので、僕から電話したんですけど、もしかして他の方に僕への伝言が残ってますか？

F：吉田守様ですね、少々お待ちください、お調べしてみます。吉田様、申し訳ありません。お調べしましたが、足立から吉田様への伝言は残っていないようです。

M：あ、そうですか。あのー、前にそちらに旅行をお願いした時も、その時の担当の方が僕に連絡もなくいきなり辞められていて驚いたことがあるんですよ。申し込んでいるからにはきちんと応対してもらえないと困るんですけど。すみませんけど、足立さんでは出発まで不安なので担当を別の方に替えてもらえますか？

🔊 男の人が担当者と話せなかったのはどうしてですか。

4番 女の人と男の人がデパートで話しています。女の人が欲しいものを買わなかった理由は何ですか。

M：よし、これで必要なものは全部買い終わったね。帰ろうか。

F：あ、ちょっと待って。これ、見てもいい？ あら、30％割引ですって。

M：この前も似たようなの買ってたじゃないか。また買うの？

F：えー、駄目かしら？ だって割引もあるし、お給料もらったばかりだし、いいじゃない。

M：ふ〜ん、本当に必要なら買いなよ。

F：やった！ 本当にこれ素敵な模様だわ。

M：ちょっと見せて。うーん、なかなかいいけど、よく見たらここ、欠けてるじゃないか。

F：あら、そうね。仕方ないわ、やめましょう。店員さんに言わなくちゃ。あなたが見つけてくれて良かったわ。ありがとう。損するところだった。

M：君は僕が一緒にいなかったら、お金さえあれば何でも買っちゃいそうで怖いよ。

🔊 女の人が欲しいものを買わなかった理由は何ですか。

5番 先生と生徒が話しています。今日、この生徒が教科書を持ってこなかった原因は何ですか。

F：山崎君、どうして隣の人と一緒に教科書を見ているの？

M：すみません、僕が教科書を持っていないので…。

F：どうして持ってこなかったの？ 試験は終わったけど、今日まで授業があるって、先生言わなかったかしら。

M：あ、はい…、すみません。授業があるのは知っていたんですけど、教科書は使わないと思って。

F：先生、教科書を使わないなんて言わなかったですよね。

M：実は先生が今日の説明をなさった時、僕があまりよく聞いていなかったんで、他の友達に教科書が必要なのか聞いてみたら、必要ないって言われたんですよね。だから家に置いてきてしまいました。すみません。

F：まったく。人の話は集中して聞くようにね。前にも山崎君みたいに試験の後の授業で教科書を持ってこなかった生徒がいたの。理由を聞いたら、その子は教科書を捨ててしまったって。先生、本当にびっくりしたわ。

🔊 今日、この生徒が教科書を持ってこなかった原因は何ですか。

→ 문제 p.83 🎧 83-06 ....

6番　男の人が話しています。男の人が携帯電話を選ぶ時、重要だと思うことは何ですか。

M：新しい携帯電話が次々と出てきますが、機能が多すぎてむしろ使いにくいんじゃないかと思うことがあります。デザインはやはり新しい方が格好良く見えますけどね。少なくても自分が必要だと思う機能だけあれば十分ですよ。僕は仕事以外ではほとんどメールも電話もしないので、営業の時には話せればいいんです。電車に乗っていて携帯電話でゲームをしたりテレビを見たりしている人を見ると、いつも携帯を見ていて目が疲れないかなと思います。それに、今じゃ、携帯で買い物の代金を払ったりするでしょう？そこまで携帯に頼っていて、もし、携帯をなくしてしまったら日常生活への影響が大きそうで怖いですよね。

🔊 男の人が携帯電話を選ぶ時、重要だと思うことは何ですか。

問題3

→ 문제 p.84 🎧 84-01 ....

1番　女の人が友達と話しています。

F1：ねえ、由美ちゃんていつも素敵なの付けてるよね。
F2：えっ、そう？ありがとう。洋服や靴の色と合うものを選んで付けてるんだ。
F1：全部自分で買ったもの？
F2：ううん、自分で買ったのはこの指輪1つだけで、残りはほとんどプレゼント。
F1：わー、そんなにいっぱいもらったの？うらやましいなあ。
F2：あ、あと自分で作ったものもあるの。
F1：え、自分で作るの？すごいね。今度私にも何か作ってくれない？
F2：うん、もちろん、いいよ！

🔊 女の人は友達に何を作ることを約束しましたか。

　　1. 洋服と靴

　　2. アクセサリー

　　3. 曲

　　4. 料理

➡ 문제 p.84　🎧 84-02

2番　女の人と男の人が話しています。

F：ねえ、ちょっと気になったんだけど、いつも私たちが会う時、大体コーヒーショップに入るじゃない？　でも大野君がコーヒーを注文したことあったっけ？

M：ああ、そうだね。俺、だいたいオレンジジュースかサイダーだもんね。

F：コーヒーを飲まないなら別にコーヒーショップじゃなくてもいいんじゃない？

M：実はさ、俺、コーヒーが飲めないんだよ。だけど、コーヒーの匂いが好きでさ。だからファーストフード店よりはコーヒーショップの方がいいんだよね。

F：ふ～ん、そうなんだ。なんでコーヒーが飲めないの？

M：珍しいけど、コーヒーを飲むとアレルギーが出るんだ。

🔊 二人がコーヒーショップによく行く理由は何ですか。

　　1. コーヒーショップのオレンジジュースとサイダーが美味しいから

　　2. ファーストフード店だと騒がしいから

　　3. 男性のコーヒーアレルギーを克服するため

　　4. 男性がコーヒーの香りが好きだから

➡ 문제 p.84　🎧 84-03

3番　自動案内サービスが流れています。

M：お電話ありがとうございます。こちらはＡＢＣ航空、自動案内サービスです。ご予約をご希望の場合は1を、荷物に関するお問い合わせは2を、その他のお問い合わせは3を押してください。なお、案内の途中で一つ前の説明をお聞きになりたい場合は7を押してください。

◀ 飛行中の食事のサービスについて確認したいときは何番を押したらいいですか。

   1.1番   2.2番

   3.3番   4.7番

問題4

→ 문제 p.85 🎧 85-01 ⋯⋯⋯⋯⋯⋯⋯⋯⋯⋯⋯⋯⋯⋯⋯⋯⋯⋯⋯⋯⋯⋯⋯⋯⋯⋯⋯⋯

1番 買い物をしました。10,000円を渡したのに店員が1,000円と間違って計算しました。何と言いますか。

   1.あの、10,000円渡したんですが。

   2.あの、10,000円もらいましたか。

   3.あの、10,000円くれませんでしたが。

→ 문제 p.85 🎧 85-02 ⋯⋯⋯⋯⋯⋯⋯⋯⋯⋯⋯⋯⋯⋯⋯⋯⋯⋯⋯⋯⋯⋯⋯⋯⋯⋯⋯⋯

2番 佐藤さんの家に電話をかけました。しかし田中さんが電話に出ました。何と言いますか。

   1.失礼ですが、佐藤さんかと思ったんですが。

   2.失礼ですが、佐藤さんとどういう関係ですか。

   3.失礼ですが、佐藤さんのお宅ではありませんか。

→ 문제 p.86 🎧 86-03 ⋯⋯⋯⋯⋯⋯⋯⋯⋯⋯⋯⋯⋯⋯⋯⋯⋯⋯⋯⋯⋯⋯⋯⋯⋯⋯⋯⋯

3番 道を歩いています。前の人がハンカチを落としました。何と言いますか。

   1.あの、これ落としましたよ。

   2.あの、これ落とされましたんですよ。

   3.あの、これ落としちゃったじゃないですか。

→ 문제 p.86 🎧 86-04

4番 部屋の中が暑いです。窓を開けたいです。同じ部屋にいる人に何と言いますか。

　　1．ちょっと、窓が開かないかな。

　　2．ちょっと、窓を開けてもいいかな。

　　3．ちょっと、窓が開けたらいいんじゃない。

問題5

→ 문제 p.87 🎧 87-01~09

1番　M：ちょっと！今日、約束してたのに、どうして連絡も無しに来なかったの？　🎧 87-01

　　　　F：1．えっ、約束、今日だったっけ？
　　　　　　2．来週、水曜日の夜8時でいい？
　　　　　　3．友達がね、今話題のあの映画、観に行ったんだって。

2番　F1：ねえ、今度一緒に旅行に行かない？　🎧 87-02

　　　　F2：1．うん、あの時は本当に楽しかったね。
　　　　　　2．だって海に行くって言ったじゃない。
　　　　　　3．えっ、本当？行く行く！

3番　F：ねえ、ここに置いてあった本、知らない？　🎧 87-03

　　　　M：1．本屋さんで売ってるの見たことあるよ。
　　　　　　2．どういう本？
　　　　　　3．すごく面白い小説だったね。

4番　M：すみません、この席、空いてますか？　🎧 87-04

　　　　F：1．ええ、空いてますよ。どうぞ。
　　　　　　2．空いていなかったら、どうしますか？
　　　　　　3．どうして私に聞くんですか？

5番　F1：あっ！雨が降ってきた。どうしよう。傘、持ってこなかった。　🎧 87-05

　　　F2：1. 傘、破れてるわよ。

　　　　　2. じゃあ、駅まで私と一緒に行こう。

　　　　　3. 明日は晴れるって。

6番　M：お客様、ご注文はお決まりでしょうか？　🎧 87-06

　　　F：1. とてもおいしかったです。

　　　　　2. 禁煙席でお願いします。

　　　　　3. あともう一人来るので、もう少し待ってもらえますか？

7番　F：日本語を勉強し始めて、どのくらいですか？　🎧 87-07

　　　M：1. 午前11時です。

　　　　　2. 3回目です。

　　　　　3. 半年です。

8番　M：最近、あまり眠れなくて辛いんだ。　🎧 87-08

　　　F：1. どうしたの？　何か悩みでもあるの？

　　　　　2. そんなこと、言わないで。

　　　　　3. う〜ん、それはもったいないね。

9番　F：ねえ、誰か1,000円札を細かくできる人いる？　🎧 87-09

　　　M：1. 最近やっとお金が貯まってきたよ。

　　　　　2. 100円玉10枚でもいいなら、あるよ。

　　　　　3. 今日は大きいお金は持ってないよ。

問題 1

→ 문제 p.90 🎧 90-01 ....

1番　男子学生と女子学生が話しています。男子学生はマラソンで何位でしたか。

　F：昨日学校でマラソンしたらしいじゃない。山本君足速いから1位だったでしょ？

　M：うん、途中まではね…。

　F：えっ、何かあったの？

　M：学校に戻ってくる途中に橋があるだろ？　その橋の上で転んでしまって。後ろを走って
　　　いた二人に先に行かれてしまったんだ。

　F：そう…。じゃあ、3位だったのね。

　M：うん…、僕もそうかなって思ったんだけど、ゴールの手前で一人がスピードを落とした
　　　から捕まえることができたんだ。

　F：そう〜、もう少しだったね。

　🔊 男子学生はマラソンで何位でしたか。

→ 문제 p.90 🎧 90-02 ....

2番　お母さんと娘が話しています。娘は夕方の6時までにどうしなければなりませんか。

　F1：お母さん、ちょっと出かけてくるね。

　F2：宿題は終わったんでしょうね。

　F1：ひとつ残ってるけど、それはすぐ終わるから帰ってきてからするよ。

　F2：本当に何でいつも嫌なことを最後にしようとするのかしら。そうだ、外に行くんだっ
　　　たら郵便局に行って切手買ってきてくれない？　おばあちゃんに手紙を送りたいから。

　F1：でも郵便局って5時までだよね？　もう閉まってるんじゃないの？　明日学校に行く時
　　　に買うよ。

　F2：家からまっすぐ行ったところにある郵便局は毎週金曜日だけ8時まで開いてるのよ。

　F1：分かった。今日買ってくるよ。

　F2：今日6時からピアノ教室でしょ。それが終わってから買ってきて。ピアノ教室の準備
　　　していかなくてもいいの？

F1：それまでに一回家に帰ってくるから〜。いってきます。

🔊 娘は夕方の6時までにどうしなければなりませんか。

→ 문제 p.91 🎧 91-03

3番 夫と妻が話しています。妻はこの後、まず何をしますか。

M：ただいま〜。ってどうしたんだ、そんなに慌てて！

F：たけしが高い熱が出て辛そうなの。どうしよう。

M：えっ！ 昼に電話したときは元気だったのに。薬は飲ませたのか？

F：ええ。風邪の薬を。でも全然効かないみたいなの。薬を買いに行こうと思ってもこの時間どこも閉まってて。

M：じゃあ、病院に行かないと。駅の近くに病院ができただろ？ そこは夜もみてくれるから行こう。

F：分かった。今すぐみてもらえるのか電話で聞いてみるわ。

M：そういえば、その病院の横に薬の店もできたんだけど、まずそこに行ってみるか？

F：病院に行けば薬をもらえるから行く必要ないと思うけど…。

M：そうだな。じゃ、僕は車を出してくるよ。

🔊 妻はこの後、まず何をしますか。

→ 문제 p.91 🎧 91-04

4番 お母さんと息子が話しています。息子は明日、何時に家を出ますか。

F：たける、明日クラブの旅行だって言ってたわよね。何時に家を出るの？

M：8時に学校に行かないとだめだから、いつもより1時間早く家を出るよ。

F：ということは7時に出るのね。じゃあ、6時半に起こすわね。

M：うん。あっ、ちょっと待って。ジュースをみんなの分買っていかなきゃならないのを忘れてた。

F：じゃあ、あと20分早く出ればいいんじゃない？ 20分あれば十分買えるわよ。

M：じゃあ、そうするよ…って母さん今日19日だよ。旅行は21日から…。

F：あっ、本当。ごめんね。間違えて明日早く起こすところだったわ。

🔊 息子は明日、何時に家を出ますか。

→ 문제 p.92 🎧 92-05

5番　果物屋の主人と客の女の人が話しています。客の女の人が一番気に入らなかったのは
　　　どれですか。

M：いらっしゃいませ。

F：メロンが欲しいんですけど。

M：メロンですね。これはどうですか？ 形は小さいですが、甘くてとてもおいしいです
　　よ。ここに試食があるので食べてみてください。

F：確かに味はいいわ。でも今日お客さんが家にたくさん来るからもう少し大きいものが欲
　　しいんですけど。

M：そうですか。今日のメロンはこの種類しかないんですよ。ではこれを2つ買われてはど
　　うですか？

F：そうすると考えてた値段より高くなっちゃうんですよ。2つ買うと少し安くしてくれま
　　す？

M：2つ買っていただけたら少しお安くしますよ。

F：そうですか…。う〜ん、でもやっぱりこれは小さすぎるからやめときます。

🔊 客の女の人が一番気に入らなかったのはどれですか。

→ 문제 p.92 🎧 92-06

6番　男子学生と女子学生が学校で話しています。男子学生はこの後、まず何をしますか。

F：村田君どうしたの？ 口の横が赤くなってるよ。

M：そうなんだ。今日起きたら歯が痛くて口の横が赤くなってたんだ。これって虫歯だよ
　　な。アイタタ。

F：先生に言って歯医者に行ってきたら？ 痛くて授業受けられないでしょ。

M：うん…でも今日、授業が終わった後にテストの説明があるだろ？ それは聞きたいと思
　　って。

F：それなら私が村田君の代わりにプリントもらって説明してあげるから気にしなくていい
　　わよ。

M：でもその歯医者は予約しないとみてくれないんだ。

F：そうなんだ。じゃあ、今予約できるか電話してみたら？

M：授業の後、電話してみるよ。気にしてくれてありがとう。

F：そんなに痛いのに受けるの？ じゃあ、教室に行きましょう。でも無理しちゃだめよ。

🔊 男子学生はこの後、まず何をしますか。

問題2

→ 문제 p.93 🎧 93-01

1番 ラジオで男の人が人の成長について話しています。男の人が話す「人が成長する方法」として正しくないものはどれですか。

M：人が成長するということは学習することから始まると考えられます。その方法に、次の「3つの見方」があると言われています。1つめは「自分で学習する」こと、2つめは「経験から学習する」ことで、3つめは「たくさんの人から学習する」ことです。この3つの見方で見ることができた時、人は大きく成長することができるのだそうです。

🔊 男の人が話す「人が成長する方法」として正しくないものはどれですか。

→ 문제 p.93 🎧 93-02

2番 お母さんと息子が話しています。息子はなぜ家に帰った時、泣いていたのですか。

F：高志おかえり…ってどうしたの？ 泣いてるの？

M：そんなことないよ。

F：嘘ついてもすぐ分かるわよ。山下君の家に遊びに行ってたんでしょ？ なのにどうして…あ〜、分かった。山下君とゲームしてて負けたんでしょ。

M：そんなので泣くかよ。ゲームを山下と買いに行ったんだけど、その店が定休日だったんだ。

F：まさかそれが悲しくて泣いたの？

M：最後まで話を聞けよ。店からの帰り道に森田さんを見たんだ。

F：森田さんって、高志が好きな女の子じゃない。それで？

M：男の子と手を繋いで歩いてたんだ…。

F：なるほどね。そういうことか。

🔊 息子はなぜ家に帰ってきた時、泣いていたのですか。

→ 문제 p.94 94-03

3番 男子学生と女子学生が話しています。女子学生がブラジル旅行に行きたくない理由は何ですか。

M：もうすぐ大学卒業だし、みんなで卒業旅行に行かない？

F：いいわねぇ～。行こう行こう。

M：いろいろ考えたんだけど、一週間あるし、南米みたいに遠くに行ってもいいと思うんだよね。日本と季節が反対だから暑さからも逃げられるし。ブラジルなんてどう？

F：う～ん。私高校の時半年間ブラジルに留学してたの。その時できた友達に会いにも何回か行ってるし。

M：そうなんだ…、じゃあ、他のところに行きたいよね。

F：私好きだし、行っていいんだけど…。ブラジルは一週間では足りないと思うのよね。そのうちの2日は飛行機に乗ってないとダメでしょ。一週間じゃあまり楽しめないと思うのよ。だから一週間で行くなら私はやめとくわ。

🔊 女子学生がブラジル旅行に行きたくない理由は何ですか。

→ 문제 p.94 94-04

4番 お父さんと娘が話しています。お父さんがテレビを買わないと言った理由は何ですか。

F：お父さん、このテレビ欲しいんだけど、買ってくれない？

M：瞳、お前もう二十歳過ぎたんだから、自分でお金を集めて買ったらどうだ。

F：働いて集めてはいるけど、このお金はカバンを買うためのものなんだもん。

M：カバンはこの前買ったじゃないか。また買うのか？ 少しは物ではなくて先の結婚のこととか考えて集めるようにしたらどうだ？ これからはな～。

F：はいはい、もういいわ。テレビは自分で買うから！

M：何だ、その言い方は！ 好きにしなさい。テレビのお金は出さないからな。

🔊 お父さんがテレビを買わないと言った理由は何ですか。

➡ 문제 p.95 🎧 95-05 ....

5番　男の人と女の人が話しています。女の人が今節約している理由は何ですか。

M：最近松下さん、外でご飯とか食べなくなったよな。何で？

F：ちょっと節約しようと思って。

M：ふ〜ん、今までそんなにいっぱい使ってたの？

F：そうじゃないけど、ちょっとやりたいことができてお金を使わずに集めることにしたの。

M：分かった！旅行だろ？松下さん最近旅行の雑誌見てたもんな。

F：それは友達に頼まれて探してたもので私が行きたかったわけじゃないの。

M：じゃあ、引っ越したいからとか？前新しい家に住みたいって言ってなかった？

F：うん。それで節約してお金集めなきゃって思ってたんだけど、急に料理の学校に通いたくなっちゃって。

M：料理の学校？

F：自分のレストランを出すことが私の昔からの夢だったの。

M：そうだったんだ。

F：うん。だから学校に行くお金を集めた後、引っ越しのお金も集めていこうと思って。

🔊 女の人が今節約している理由は何ですか。

➡ 문제 p.95 🎧 95-06 ....

6番　男子学生と女子学生が話しています。男子学生はなぜ英語の点数がよくなかったのですか。

M：松本さん、英語の点数どうだった？

F：今回はよくできた方だと思うわ。85点だったから。西田君は？

M：僕は全然ダメだったんだ、30点だったから。

F：えっ、西田君が？いつも英語の点数、よくなかった？

M：それは理科だよ。僕理科は得意だから。でも英語もそこまで苦手じゃなかったんだけどな。

F：そういえば、英語のテストの日西田君遅れてきたよね。解く時間あまりなかったんじゃない？

M：うん、ま〜ね。でも遅れたの10分だったから、そこまでみんなと受けた時間は変わらないんだけど…、問題を見てびっくりしたんだ。

F：どうして？

M：テスト前に勉強したところと全然違うところがテストに出たんだ。

F：そうだったの。それでこんな結果になっちゃったのね。

🔊 男子学生はなぜ英語の点数がよくなかったのですか。

→ 문제 p.96 🎧 96-01 ....

1番 妻と夫が話しています。

F：ねえ、来週引っ越すじゃない？ 古い家具は捨てて新しい家具を買って持っていかない？

M：古い家具ね〜。じゃあ、テレビか冷蔵庫かな。二つとも15年くらい使ってるし。

F：そうね〜、でもソファも買って10年以上使ってるじゃない。

M：はは〜ん。秋子は新しいソファが欲しいんだな？

F：そ、そんなことないわよ。でも、色がだんだん変わってきて汚い感じがしちゃってね。

M：やっぱり…。でもこのソファは僕達が結婚したときに記念に買った物だから新しい家でも使いたいな。あっ、パソコンを新しく買うっていうのは？

F：ダメよ。家のパソコンそんなに古くないし、あなた家でそんなに使わないじゃない！

M：最近のパソコンはテレビみたいにきれいに見えてドラマとか映画も楽しめるんだ。そう考えるとテレビを買うよりいいと思わないか？

F：分かったわ。そうしましょう。

🔊 二人が新しく買う物はどれですか。

1．ソファ　　　　　　　2．冷蔵庫

3．テレビ　　　　　　　4．パソコン

➜ 문제 p.96 🎧 96-02

2番　お母さんと娘が話しています。

F1：ただいま〜。

F2：おかえり。机の上にケーキが置いてあるから食べなさい。

F1：今お腹すいてないからいい。それよりお母さん、顔が怖いよ。何かあったの？ あっ、お兄ちゃんが車のスピードの出しすぎで警察に捕まったから怒ってるんでしょ。

F2：初めての時は腹が立ったけど、何回も捕まってるから、そういう気持ちもなくなったわ。それより真里、学校の試験の結果どうだったの？ もう出たでしょ。

F1：…うん。

F2：何で言ってくれなかったの？

F1：結果がよくなかったからお母さん怒るかと思って…。

F2：結果が悪いのは仕方ないでしょ。それよりも学校のことを何も言わないことのほうが腹が立つわよ。

🔊 お母さんが怒っている理由は何ですか。
　　1．娘がケーキを食べなかったから
　　2．息子が警察に捕まったから
　　3．娘の成績が悪かったから
　　4．娘が学校の事を話さなかったから

➜ 문제 p.96 🎧 96-03

3番　会社で男の人と女の人が話しています。

M：今日は遅れてしまってすみませんでした。大事な会議もあったのに…。

F：終わってしまったことは仕方がないわ。でも、どうして遅れたの？ まさか寝坊じゃないわよね。

M：いえ、いつも乗ってるバスに間に合わなくて…走ったんですけど。

F：でも次のバスに乗れれば遅れたとしても少しでしょ。会議には出られたと思うけど。

M：次のバスに乗ったんですけど、バスに乗っている間にトイレに行きたくなっちゃって、途中で降りちゃったんです。

F：どこで降りたの？

M：え～っと…どこだったかな…。

F：本当の事を言いなさい！

M：…いつもより1時間遅く起きてしまいました。すみません。

F：やっぱり…。

🔊 男の人はなぜ会議に出られなかったのですか。

　　1．寝坊したから
　　2．バスに乗れなかったから
　　3．会社まで走ってきたから
　　4．途中でバスを降りてトイレに行ったから

問題4

→ 문제 p.97 🎧 97-01 ···

1番　旅行に来ました。近くにいた人に写真をとってほしいと言われました。何と言いますか。

　　　1．いいかもしれませんよ。
　　　2．いいと思いますよ。
　　　3．いいですよ。

→ 문제 p.97 🎧 97-02 ···

2番　手にけがをしてしまいました。一人で食べることができないので母に助けてほしいです。何と言いますか。

　　　1．申し訳ないんだけど、食べさせられてくれる？
　　　2．申し訳ないんだけど、食べさせてくれる？
　　　3．申し訳ないんだけど、食べきってくれる？

➜ 문제 p.98 🎧 98-03

3番　八百屋に買い物に来ました。店の人に頼んでバナナを安く買いたいと思っています。何と言いますか。

　　　1．安くしてはいかがでしょう。

　　　2．安くしてみてください。

　　　3．安くしてもらえませんか。

➜ 문제 p.98 🎧 98-04

4番　野球の試合を見ています。前の人が立って試合を見ているので試合が見えません。何と言いますか。

　　　1．見えないので座ってください。

　　　2．見えなければ座ってください。

　　　3．見えなくなったら座ってください。

問題5

➜ 문제 p.99 🎧 99-01～09

1番　F：すみません。うっかりしてました。　　🎧 99-01

　　　M：1．よくやった。
　　　　　2．何かあったのか？
　　　　　3．次の機会があったっけ。

2番　M：この刺身、本当においしいね。　　🎧 99-02

　　　F：1．やっぱりそう思わないよね。
　　　　　2．私はあんまりだけどな。
　　　　　3．うん、やっぱり肉が最高だね。

3番　F：お元気ですか？　　🎧 99-03

　　　M：1．さあ、どうだろう。
　　　　　2．ああ、そうだっけ。
　　　　　3．ええ、とっても。

4番　M：もしもし、山田さんのお宅ですか？　　　　　🎧 99-04

　　　F：1. 山田さんの家は隣です。

　　　　 2. はい、中田です。

　　　　 3. そうですが、どちら様ですか？

5番　F：何か困ったことでもあるの？　　　　　　　　🎧 99-05

　　　M：1. 何とかなるよ。
　　　　 2. 何もないよ。
　　　　 3. 何となくね。

6番　M：忙しい時に電話して、ごめんな。　　　　　　🎧 99-06

　　　F：1. 暇な時は電話できないもんね。

　　　　 2. いいよ、気にしないで。

　　　　 3. いつも話し中だよね。

7番　F：本当に仲居君って好き嫌いが多いわね。　　　🎧 99-07

　　　M：1. その方が楽だろ。

　　　　 2. それほどでも。

　　　　 3. そうでもないけどな。

8番　M：将来何になりたいですか？　　　　　　　　　🎧 99-08

　　　F：1. 父親になりたいです。
　　　　 2. 役者になりたいです。
　　　　 3. 美人になりたいです。

9番　F：失礼ですが、お名前は？　　　　　　　　　　🎧 99-09

　　　M：1. 西田と申します。
　　　　 2. 西田と申し上げます。
　　　　 3. 西田と申したいです。

N3

정답

(1) 발음

가. 비슷한 발음

1. あてる	2. ちず
3. ゆうはん	4. あかい
5. いふく	6. えいぶん
7. だいぶ	8. かくじつ
9. かわ	10. かんねん
11. みたい	12. いち
13. けっしん	14. とうじつ
15. こっか	16. さいのう
17. ます	18. さんか
19. しはい	20. しゅうき

나. 탁음과 반탁음

1. ざいりょう	2. さる
3. じかく	4. スープ
5. ストップ	6. ぜんめん
7. そうとう	8. たしょう
9. のんびり	10. びっくり
11. びよう	12. むじ
13. ガム	14. かんびょう
15. きねん	16. きょたい
17. こうじ	18. てぐち
19. こうばん	20. おさけ

다. 촉음과 장음

1. そっと	2. のうりょく
3. ノック	4. プロ
5. もっと	6. エスカレーター
7. ラケット	8. バター
9. やはり	10. カー
11. きっぷ	12. じかん

13. つうち	14. スキー
15. ねえさん	16. ビル
17. がか	18. レジ
19. ミス	20. ほうほう

라. 발음과 기타

1. ほうしん	2. てんてん
3. せんせんしゅう	4. めいじん
5. てんすう	6. じいん
7. びょういん	8. はんせい
9. ガソリンスタンド	
10. かちょう	
11. ふじん	12. いんしょう
13. へいきん	14. しわ
15. みかん	16. あき
17. たんい	18. てんらんかい
19. ぶぶん	20. サンドイッチ

(3) 뉘앙스 파악

1. B	2. B	3. B	4. B	5. A
6. B	7. A	8. B	9. A	10. B
11. A	12. A	13. B	14. B	15. A
16. A	17. B	18. B	19. A	20. A

(4) 문제를 잘 듣는다

1. 4	2. 2	3. 4	4. 1	5. 1

(5) 필요정보를 찾아 듣는다

1. 4	2. 3	3. 4	4. 3	5. 4

(6) 들은 정보를 다른 말로 바꾼다

1. 3	2. 4	3. 4	4. 2	5. 1

(7) 마지막에 나오는 포인트를 놓치지 않는다

1. 2　　2. 1　　3. 1　　4. 4　　5. 1

(8) 오답을 정리한다

1. 4　　2. 1　　3. 2　　4. 1　　5. 2

(9) 질문의 요점을 파악한다

1. 3　　2. 2　　3. 3　　4. 4　　5. 2

2. 메모의 기술

(1) 대상

1-1. 木曜日

2. 2日間

3. 金田(かねだ)先生

4. 4日間

5. 2人

2-1. 牛肉

2. 姉(お姉さん)

3. 3人

4. トマトとピーマン

5. 8個

(2) 날짜, 요일, 시간 등

1-1. 木曜日

2. 12時

3. 桃東駅(とうとうえき)

4. 晴れ

5. 10人

2-1. 6回

2. 3分

3. 30分

4. 8時45分

5. 6月10日

(3) 숫자

1-1. 15,000円

2. 1,000円

3. 白いズボン

4. 5,000円

5. 28

6. 何も買わなかった

2-1. 20万円

2. 5万円

3. 897

4. たたみの部屋

5. 11月20日

(4) 기타

1-1. ①

2. ④

3. 5,000円

4. 夫の誕生日

5. 2本

2-1. 冷蔵庫

2. 5,000円

3. 5個

4. 3個

5. 食事券

問題1

1. 4	2. 2	3. 2	4. 2	5. 2
6. 4	7. 4	8. 1	9. 2	10. 1
11. 2	12. 4	13. 3		

問題2

1. 1	2. 3	3. 3	4. 4	5. 4
6. 2	7. 3	8. 3	9. 4	10. 3
11. 1	12. 4	13. 1		

問題3

1. 3	2. 4	3. 1	4. 3	5. 4
6. 4	7. 2	8. 2	9. 4	10. 3
11. 2	12. 2	13. 1	14. 3	

問題4

1. 2	2. 3	3. 1	4. 1	5. 3
6. 1	7. 1	8. 2	9. 2	10. 1
11. 3	12. 1	13. 2	14. 1	15. 3

問題5

1. 3	2. 1	3. 1	4. 2	5. 3
6. 1	7. 1	8. 3	9. 2	10. 2
11. 3	12. 1	13. 2	14. 1	15. 3
16. 1	17. 2	18. 1	19. 3	20. 2
21. 2	22. 2	23. 3	24. 2	25. 1
26. 2	27. 2	28. 3	29. 1	30. 3

問題1

1. 2	2. 3	3. 2	4. 1	5. 4
6. 2				

問題2

1. 3	2. 4	3. 1	4. 4	5. 4
6. 3				

問題3

1. 1	2. 3	3. 4

問題4

1. 2	2. 1	3. 2	4. 3

問題5

1. 3	2. 1	3. 2	4. 3	5. 3
6. 1	7. 2	8. 1	9. 3	

問題1

| 1. 2 | 2. 4 | 3. 3 | 4. 3 | 5. 1 |

| 6. 3 |

問題2

| 1. 1 | 2. 3 | 3. 2 | 4. 4 | 5. 3 |

| 6. 2 |

問題3

| 1. 2 | 2. 4 | 3. 3 |

問題4

| 1. 1 | 2. 3 | 3. 1 | 4. 2 |

問題5

| 1. 1 | 2. 3 | 3. 2 | 4. 1 | 5. 2 |

| 6. 3 | 7. 3 | 8. 1 | 9. 2 |

問題1

| 1. 2 | 2. 1 | 3. 4 | 4. 3 | 5. 4 |

| 6. 2 |

問題2

| 1. 3 | 2. 4 | 3. 4 | 4. 2 | 5. 4 |

| 6. 1 |

問題3

| 1. 4 | 2. 4 | 3. 1 |

問題4

| 1. 3 | 2. 2 | 3. 3 | 4. 1 |

問題5

| 1. 2 | 2. 2 | 3. 3 | 4. 3 | 5. 2 |

| 6. 2 | 7. 3 | 8. 2 | 9. 1 |

해답 용지

聴解

N3 聴解 解答用紙

受験番号 Examinee Registration Number	名前 Name

問題 1

1	①	②	③	④
2	①	②	③	④
3	①	②	③	④
4	①	②	③	④
5	①	②	③	④
6	①	②	③	④

問題 2

1	①	②	③	④
2	①	②	③	④
3	①	②	③	④
4	①	②	③	④
5	①	②	③	④
6	①	②	③	④

問題 3

1	①	②	③	④
2	①	②	③	④
3	①	②	③	④

問題 4

1	①	②	③	④
2	①	②	③	④
3	①	②	③	④
4	①	②	③	④

問題 5

1	①	②	③	④
2	①	②	③	④
3	①	②	③	④
4	①	②	③	④
5	①	②	③	④
6	①	②	③	④
7	①	②	③	④
8	①	②	③	④
9	①	②	③	④

N3 聴解 解答用紙
ちょうかい　かいとうようし

受験番号 Examinee Registration Number	
名前 Name	

< ちゅうい　Notes >

1. くろいえんぴつ（HB、No.2）で
かいてください。
Use a black medium soft
(HB or No.2) pencil.

2. かきなおすときは、けしゴムで
きれいにけしてください。
Erase any unintended marks
completely.

3. きたなくしたり、おったりしないで
ください。
Do not soil or bend this sheet.

4. マークれい　Marking examples

よい Correct	わるい Incorrect
●	⊘ ⊖ ◎ ◑ ⊗ ⊕ ◒

問題 1

1	①	②	③	④
2	①	②	③	④
3	①	②	③	④
4	①	②	③	④
5	①	②	③	④
6	①	②	③	④

問題 2

1	①	②	③	④
2	①	②	③	④
3	①	②	③	④
4	①	②	③	④
5	①	②	③	④
6	①	②	③	④

問題 3

1	①	②	③	④
2	①	②	③	④
3	①	②	③	④

問題 4

1	①	②	③	④
2	①	②	③	④
3	①	②	③	④
4	①	②	③	④

問題 5

1	①	②	③	④
2	①	②	③	④
3	①	②	③	④
4	①	②	③	④
5	①	②	③	④
6	①	②	③	④
7	①	②	③	④
8	①	②	③	④
9	①	②	③	④

N3 聴解 解答用紙

受験番号 Examinee Registration Number

名前 Name

< ちゅうい Notes >

1. くろいえんぴつ（HB、No.2）で かいてください。
Use a black medium soft (HB or No.2) pencil.

2. かきなおすときは、けしゴムで きれいにけしてください。
Erase any unintended marks completely.

3. きたなくしたり、おったりしないで ください。
Do not soil or bend this sheet.

4. マークれい　Marking examples

よい Correct	わるい Incorrect
●	⊘ ◑ ◎ ◐ ⊝ ◑ ◯

問題 1

1	①	②	③	④
2	①	②	③	④
3	①	②	③	④
4	①	②	③	④
5	①	②	③	④
6	①	②	③	④

問題 2

1	①	②	③	④
2	①	②	③	④
3	①	②	③	④
4	①	②	③	④
5	①	②	③	④
6	①	②	③	④

問題 3

1	①	②	③	④
2	①	②	③	④
3	①	②	③	④

問題 4

1	①	②	③	④
2	①	②	③	④
3	①	②	③	④
4	①	②	③	④

問題 5

1	①	②	③	④
2	①	②	③	④
3	①	②	③	④
4	①	②	③	④
5	①	②	③	④
6	①	②	③	④
7	①	②	③	④
8	①	②	③	④
9	①	②	③	④

저자 약력

▶이종권

현) 이종권일본어학원 원장

일본문부성 국비장학생
1991년 이후 일본어 교육에 종사
국내 최초 일본유학시험(EJU)반 개설 운영 중
현재 NEW(신)일본어능력시험반과 일본유학시험반 강의 중

전) 시사일본어학원 교수부장 및 본부장
현) 이종권 일본어학원 원장 겸 시험대비 강사

▶저서

일본어능력시험 혼자서도 자신 있게 1급 한번에 합격하기
일본어능력시험 혼자서도 자신 있게 2급 한번에 합격하기
일본어능력시험 혼자서도 자신 있게 3급 한번에 합격하기
그 외 다수

▶연구원

上阪桃子 / 木下真理子 / 右田明子 / 안혜원
그림 木下真理子

판권

저자 이종권
초판 1쇄 인쇄 2010년 10월 11일
초판 2쇄 발행 2011년 8월 25일

발행인 박효상
편집책임 임수진
편집 김효주
디자인책임 손정수
마케팅책임 이종선
마케팅 이태호, 이전희

발행처 사람in
출판등록 제 10-1835호
주소 121-839 서울 마포구 서교동 378-16 4F
전화 02.338.3555 팩스 02.338.3545
e-mail saramin@netsgo.com homepage www.saramin.com

만든사람들
책임편집 김진아
본문 표지 디자인 홍수미

※책값은 뒤표지에 있습니다. ※파본은 구입하신 곳에서 바꾸어 드립니다.
ⓒ 이종권 2010

978-89-6049-184-7   18730